Je jardine zéro déchet

Philippe Collignon

Je jardine zéro déchet pour les nuls

F1RST ÉDITIONS

Je jardine zéro déchet pour les Nuls

Maquette intérieure : Fabrice Del Rio Ruiz
Correctrice : Véronique Dussidour
Index : Hélène Boursin

ISBN : 978-2-412-06699-7
Dépôt légal : août 2021
Imprimé en Espagne

Éditions First
92, avenue de France
75013 Paris – France
e-mail : firstinfo@efirst.com
Site Internet : www.editionsfirst.fr

À propos de l'auteur

Philippe Collignon informe depuis trente-cinq ans les jardiniers par le biais de l'écrit, de la radio et de la télévision. Il s'attache à une vulgarisation simple, accessible et drôle. Sa vitalité et son amour de la nature font aussi de lui un excellent conférencier et animateur.

Philippe Collignon a été professeur de botanique et de biologie végétale. Paysagisme, horticulture, maraîchage et commerce horticole n'ont plus de secret pour lui. Il exerce ses talents de vulgarisateur en jardinage dans tous les médias, et a aussi contribué à l'ouverture de certaines jardineries innovantes.

La passion qui l'anime a débuté sur Télé Lyon Métropole, puis chez Dechavanne dans « Coucou c'est nous » où il nous contait les formidables interactions entre les plantes et les animaux, avant de rejoindre l'équipe de France 3 où chaque jour un végétal était mis à l'honneur. Depuis vingt-huit ans, c'est sur France 2 qu'il exerce sa passion pour la nature et les plantes. Sa volonté est d'apporter des solutions vertes à tous et de mettre en avant la richesse humaine qui se cache à travers de véritables professionnels du jardin en France et en Europe.

Son maître spirituel, Jean-Marie Pelt, pharmacien agrégé et fondateur de l'Institut européen d'écologie (Metz), malheureusement disparu aujourd'hui, lui a donné l'occasion de se plonger dans un univers végétal d'une autre dimension.

Actuellement, il est journaliste spécialisé dans l'émission Télématin sur France 2. Il écrit dans diverses publications spécialisées et est l'auteur de plusieurs ouvrages parmi lesquels *Le Potager perpétuel* (avec Bernard Bureau, Ulmer, 2016) *Un potager pour les Nuls* (First, 2012), *Simplissime : Le livre de jardinage le + facile du monde* (Hachette, 2018) et *Créer ses jardins de peintre* (Éditions du Chêne, 2017). Il a également collaboré avec Yann Arthus Bertrand.

Pour suivre ses aventures jardinières : Instagram (@philippe.collignon) & Facebook (philippe collignon).

Je souhaite dédicacer ce livre à tous ceux qu'a effleuré l'idée d'avoir un potager et de faire pousser de quoi se mitonner de bons petits plats. Et en particulier à mon grand-père disparu, Albert, à qui je dois ce virus si précieux, l'amour de la vie à travers la nature : sans que je m'en aperçoive, il me l'a inoculé à l'âge de 8 ans, et cela dure encore.

Icônes utilisées dans ce livre

Les icônes du livre attirent votre attention sur des points importants et vous aident à retrouver ce que vous voulez savoir.

Attention

Cette icône vous avertit d'un danger imminent que vous pouvez éviter de justesse.

À noter

Cette icône pointe un conseil à consigner quelque part pour le ressortir en temps voulu.

À savoir

Cette icône vous indique les connaissances à retenir si vous voulez passer maître dans l'art du jardinage.

Astuces

Cette icône pointe sur des suggestions utiles, allant de simples conseils pour choisir vos plantes aux meilleurs moments pour récolter vos protégées.

Petit conseil

Cette icône vous donne un petit tips de l'auteur !

Sommaire

Partie 3 Zéro phyto

Partie 4 Multiplier ses plantes

Partie 5 Le compostage

Partie 6 L'arrosage au jardin

Partie 7 Récolter

Partie 8 Les gestes en plus

Partie 1

Avant de se lancer

Dans cette partie...

Des millions d'hommes et de femmes jardinent dans le monde entier, mais le font-ils dans les règles de l'art ? Les pesticides dangereux sont encore très présents dans le monde agricole, ainsi que les pratiques intensives qui menacent la biodiversité. Mais si changer le monde commençait par son propre jardin ?
Préparer son jardin demande de la réflexion et de l'organisation : que faire pousser, où et quand planter, définir ses besoins en eau et en lumière... Autant de questions auxquelles se rajoute l'interrogation centrale de ce livre : comment jardiner zéro déchet ?
Nous verrons ce qui peut motiver un néo jardinier à se lancer dans la culture potagère (mais pas que), et les grandes règles du mouvement zéro déchet qui vous aideront à faire les bons choix dans votre jardin.
Pour votre santé, vos économies et la planète, vive le zéro déchet !

DANS CE CHAPITRE

Des chiffres clés

•

Valoriser ses déchets verts

Chapitre 1

Pourquoi un jardin « zéro déchet » ?

Le progrès et l'aisance ont conduit beaucoup de personnes à renoncer au jardin. Cependant, la plupart ont compris que le fait de produire soi-même sa nourriture contribue à la santé du corps et de l'esprit, tout en rendant la vie plus belle, en enrichissant les relations avec les autres. Le jardin et le potager deviennent un violon d'Ingres. Même la Maison Blanche a son jardin et son potager !

Le jardin en quelques chiffres

Un terrain de 500 m² produit chaque année :

- » 20 tontes en moyenne ;
- » 25 h de travail (tonte et entretien) ;
- » 1 tonne de déchets de tonte.

Vous êtes 65 % à posséder un jardin, dont 48 % à posséder un potager : cela montre l'engouement à la fois pour une passion et pour un besoin aujourd'hui nécessaire (1 potager sur 4 a moins de cinq ans). Comment résister à l'arôme, à la saveur et à la texture de plantes que l'on vient de ramasser ? Si vous avez déjà senti une tomate encore chaude de soleil éclater dans votre bouche et l'inonder de jus et de saveurs, vous savez ce que je veux dire.

C'est aussi une question de sécurité : vous savez exactement ce qui a été vaporisé dessus. C'est bien de fournir à ses amis et à sa famille des aliments nutritifs riches en vitamines et en antioxydants, si efficaces pour prévenir le cancer. Le « zéro déchet », c'est déjà abandonner les anciennes pratiques chimiques. Les changements sont rapides ; en moins d'un an, on voit la différence.

L'écologie et le « zéro déchet », c'est aussi établir des relations nouvelles avec ses voisins quand on se lance dans cette aventure (échanges d'astuces, partage de matériels, offre de main-d'œuvre). On limite la pollution et le réchauffement climatique quand au lieu d'acheter des fruits et légumes qui ont fait des centaines ou des milliers de kilomètres, on les ramasse sur son propre terrain. On maîtrise mieux sa vie quand on mange ce que l'on a fait pousser, ne serait-ce qu'un plant de basilic en pot ou cueillir des fleurs vivantes de son jardin plutôt que d'acheter de la « rose-avion » qui vient d'Afrique.

Figure 1-1

Dérèglement climatique, santé humaine et environnement

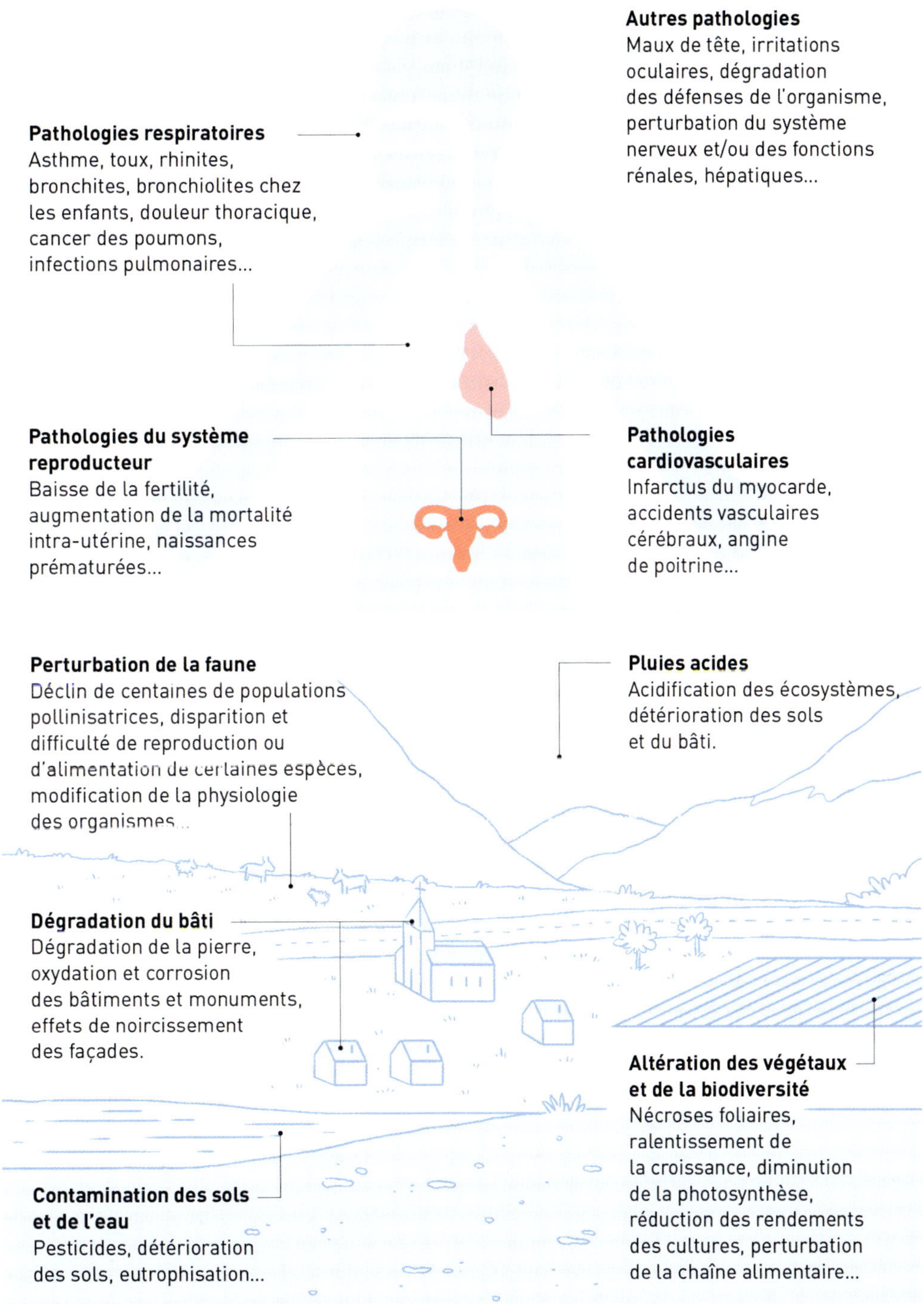

Attention

La France est le troisième consommateur mondial de pesticides et le premier consommateur en Europe. Une place d'autant plus inquiétante que l'accumulation de ces molécules toxiques dans le sol ne fait l'objet d'aucun suivi particulier par les autorités compétentes. Jardiner bio et pratiquer le « zéro déchet » sont donc plus que jamais une obligation au regard de la détérioration de la qualité des sols, de l'eau et de l'air. Fruits et légumes riches en nitrates et en résidus de pesticides, pollution des nappes phréatiques et appauvrissement, voire disparition progressive des auxiliaires du jardin telle l'abeille, indispensable pollinisateur.

La prise de conscience est progressive, mais trop marginale encore. Certains jardiniers en France utilisent encore des pesticides toxiques en les commandant sur le Net sans en connaître ni mesurer les conséquences sur la santé. Que ce soit au jardin ou sur un bout de terrasse ou de balcon, réduire la pollution et sa consommation effrénée de produits en tout genre devient urgente et nécessaire. Ne plus utiliser de produit chimique de synthèse, encourager la diversité en cultivant des espèces et des variétés indigènes, voire oubliées, et recycler les déchets végétaux en compostant pour maintenir un sol fertile sont pourtant des habitudes simples et faciles à prendre.

L'économie circulaire paraît si loin de mon petit lopin de terre et pourtant. Et si tout simplement derrière ces deux mots se cachait le « zéro déchet ». Les jardiniers aguerris et soucieux de leur environnement le pratiquent depuis des décennies, à savoir le compostage ou le mulching, mais pour d'autres les déchetteries restent la solution. Les déchets verts ou résidus de jardin représentent 35 % des apports en déchetterie. Ce sont les tonnages les plus importants malgré les pratiques de compostage.

Ces quantités ne font qu'augmenter, les jardiniers amateurs sont de plus en plus nombreux. Ces volumes entraînent des coûts de traitement pouvant aller jusqu'à 100 euros la tonne. Un jardinier peut produire environ 120 kg par an de déchets verts. Pourtant, ils sont un véritable or vert au jardin : ils sont entièrement biodégradables et permettent de faire de grandes économies.

À savoir

En 2019, la Norvège a recyclé 97 % des bouteilles plastique utilisées sur son territoire.

Tontes de gazon, feuilles mortes, tailles de haie... Les déchets verts s'accumulent dans le jardin. Découvrez dans ce livre des solutions pratiques et économiques pour aménager votre jardin, réduire et valoriser au maximum.

Figure 1-2

Classement européen de production des déchets par habitant

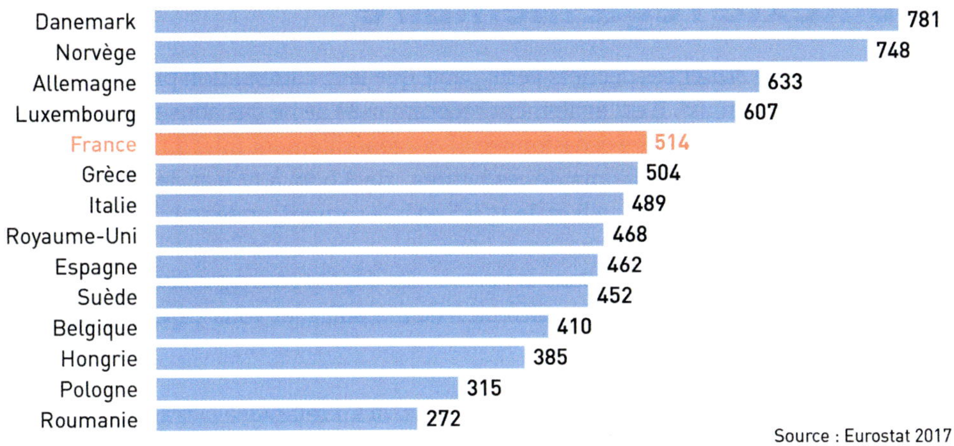

Source : Eurostat 2017

Figure 1-3

Recycler ses déchets verts

Durant les périodes de confinement, les déchetteries sont fermées. Pour rappel, les déchets de jardin ne peuvent pas être jetés dans la poubelle destinée aux déchets de la cuisine. La solution, les recycler au jardin. Voici 4 idées :

1. Nourrir le sol grâce à la tonte « mulching » (tonte sans sac).
2. Pailler les massifs de fleurs, le potager et les pieds des haies.
3. Recycler les déchets verts dans un composteur.
4. Réutiliser la taille des arbres pour un barbecue.

Pourquoi recycler ses déchets verts

- moins de passage en déchetterie ;
- moins d'achat d'engrais, de pesticides et de paillis ;
- moins d'entretien au quotidien ;
- moins d'eau pour arroser vos plantations ;
- plus de temps pour profiter de son jardin ;
- moins de gaz à effet de serre pour la planète.

Contexte réglementaire

Il est interdit de brûler ses déchets verts parce que leur combustion produit des polluants toxiques et dangereux[1]. Il est également recommandé de ne pas abuser de la tondeuse, en raison de la nuisance sonore occasionnée. Il est généralement interdit d'utiliser des outils de jardinage bruyants en dehors de ces heures : de 8 h 30 à 12 h et de 14 h 30 à 19 h pour les jours ouvrables, de 9 h à 12 h et de 15 h à 19 h le samedi, et de 10 h à 12 h le dimanche[2].

Ne jetez pas vos déchets verts dans la nature : les dépôts sauvages favorisent la multiplication des mauvaises herbes et la diffusion de maladies, et vous exposent à une amende pouvant aller jusqu'à 450 €.

En ce qui concerne les produits phytosanitaires, la loi relative à la transition énergétique pour la croissance verte interdit leur utilisation depuis 2019. Dans votre jardin, il est possible de s'en passer tout à fait avec des gestes simples comme le paillage et l'utilisation d'un compost !

1 Article 84 du Règlement Sanitaire Départemental
2 Renseignez-vous auprès de votre mairie pour connaître le contexte réglementaire de votre commune

DANS CE CHAPITRE

Le principe des 5 R

•

Des gestes clés

•

Les grandes règles du « zéro déchet »

Chapitre 2

Le « zéro déchet », c'est quoi ?

Le « zéro déchet » pour tous est une démarche visant à revoir son mode de production et de consommation afin de produire moins de déchets à la source, et non pas simplement de mieux intégrer le recyclage dans nos modes de vie. Pour réduire nos déchets, le problème doit être pris à la source par les politiques et les industriels (revoir les modes de production, l'utilisation de matières premières, les circuits de distribution, etc.). Le jardinier produit chaque année plus de 100 kg de déchets, dont 35 % de déchets verts (tonte de gazon, épluchures...). Ce qui représente un coût de traitement en déchetterie de l'ordre de 10 euros. Par des actions simples, il est tout à fait possible de réduire la quantité de déchets générés par un foyer et de limiter ainsi notre impact sur la planète.

Figure 2-1
Le tri des déchets

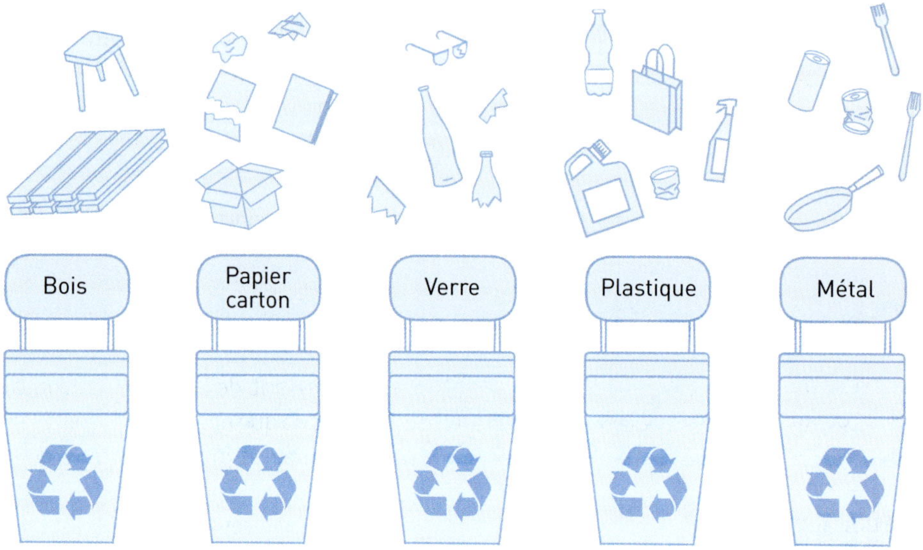

Chacun peut, pour cela, s'aider de quelques règles simples, comme celles des 5 R préconisées par Béa Johnson :

Refuser

- Refuser ce dont on n'a pas besoin ;
- Refuser les objets à usage unique ;
- Refuser les objets non revalorisables.

Réduire

- N'acheter que les quantités nécessaires ;
- Éviter le gaspillage (suremballage, nourriture…).

Réutiliser

- Privilégier les objets réutilisables ;
- Louer, emprunter, acheter d'occasion ;
- Réparer, donner.

Recycler

- Recycler les objets et matières revalorisables.

Rendre à la terre (composter)

- Composter la matière organique.

Un premier pas vers le « zéro déchet »

Depuis 2012, auteurs, blogueurs ou documentaristes se penchent sur ce mode de vie, souvent en l'expérimentant eux-mêmes. On compte en 2018 plusieurs dizaines de groupes de discussions francophones sur ce sujet, des milliers de contributeurs, une vingtaine de blogs de référence, et une offre de consommation qui s'adapte peu à peu à cette nouvelle demande : l'essor des boutiques spécialisées dans la vente en vrac ou des fabricants proposant des produits lavables/réutilisables est bien sûr étroitement lié à l'émergence du mode de vie « zéro déchet ».

Un mode de vie généralisable ?

Pour l'instant, c'est le défi et son côté ludique qui semblent séduire en premier lieu, ce qui suppose donc une certaine motivation. Mais une grande partie des pratiques qui s'inscrivent dans cet objectif ne demande pas de surmonter des obstacles importants et une autre partie de ces actions pourrait devenir beaucoup plus accessible, grâce aux évolutions réglementaires récentes.

De manière générale, l'objectif « zéro déchet » à la maison et au jardin est souvent un point de départ vers la découverte d'autres pratiques écologiques, ou une première étape avant des actions plus collectives.

Trois gestes clés pour réduire vos déchets

Composter ses bio déchets

Trier ses déchets alimentaires (épluchures, marc de café...) et les composter permet de diminuer ⅓ des déchets produits par ménage. Le compost produit peut ainsi devenir un engrais naturel riche en nutriments pour vos plantes ou votre jardin. Plusieurs solutions existent : le compostage, le lombricompostage (en appartement) ou encore le compostage partagé. Pour plus d'informations, rendez-vous sur le site **www.biodechets.org.**

Acheter en vrac

Des boutiques spécialisées dans la vente en vrac sont d'ores et déjà implantées dans une cinquantaine de villes en France et proposent des produits aussi bien alimentaires que cosmétiques ou d'entretien. Les bulbes aujourd'hui peuvent s'acheter en vrac dans certaines jardineries. Le jardinier revient aussi à l'essentiel en semant de nouveau. Il est également possible de supprimer les emballages jetables en s'approvisionnant au marché ou en apportant ses contenants chez son commerçant. Le kit indispensable pour acheter en vrac comporte un cabas, des sacs réutilisables en tissu ou en mousseline légère, des boîtes ou des bocaux.

Éviter le neuf

Pour les vêtements, meubles et électroménager, livres... Première piste à explorer, celle de l'emprunt et de la location proposés par des professionnels ou des particuliers via des plateformes spécialisées facilitant la recherche et la mise en relation. Si ces solutions ne conviennent pas, vous pouvez aussi privilégier l'achat d'occasion, en boutiques spécialisées ou en ligne. Pour en savoir plus : **www.zerowastefrance.org**

On plante ou on se plante ?

Pas si vite : gouverner, c'est prévoir. Si vous partez dans la mauvaise direction, il vous faudra beaucoup de temps et d'efforts pour renverser la vapeur. Faites donc un plan d'ensemble et tenez-vous-y. Vous trouverez dans ce livre un itinéraire bien balisé qui vous conduira sans anicroche du sachet de graines à la table de votre cuisine.

La meilleure façon de démarrer un jardin ou un potager avant de recycler, c'est de commencer par les légumes que l'on sème directement.

Si vous n'avez qu'un petit jardin, préférez les plants. Si, en revanche, vous avez beaucoup de place, vous verrez qu'il est moins cher et moins polluant de semer que d'acheter des plants en jardinerie.

Surveiller la croissance

Quand votre jardin se développe bien, vous pouvez diminuer le temps et les efforts que vous lui consacrez et rendre vos tâches plus gratifiantes en utilisant certains déchets récupérés :

» **Paillez vos planches et parterres ;**

» **Arrosez vos plants avec de l'eau de pluie de façon régulière et en profondeur ;**

» **N'apportez plus d'engrais mais vos déchets compostés.**

Réussir son aventure « zéro déchet »

» Un jardin à sa mesure : adaptez la surface à votre ergonomie de vie ;

» Soyez fainéant : le « zéro déchet » va vous faciliter la vie (installez un hamac) ;

» Soyez « économie circulaire » : je produis et je recycle tout simplement ;

» Partagez vos expériences avec vos voisins, sur les réseaux sociaux, blog : faites connaître vos trucs, vos solutions, vos déboires (que vous n'aurez plus en lisant ce livre) ;

» Démarrez petit : un petit composteur, des poubelles sélectives, des plantes mellifères. L'erreur ? Vouloir tout révolutionner en cinq minutes ;

» Soyez organisé : le « zéro déchet » au départ demande une rigueur ;

» Imitez et observez la nature : une plante qui meurt donne la vie à une autre, ou vous indique que vous vous êtes trompé dans le choix de cette dernière pour votre jardin... Une plante malade vous donne de bonnes indications pour la suite ;

» Pour aller plus loin vous pouvez en parallèle des « 5 R » associer les « 5 » qui reprend les concepts de Marie Kondo avec la méthode KonMari qui comporte 3 étapes principales : la décision, le tri, le rangement.

Quel que soit le soin que vous apportez à votre jardin, des maladies et parasites peuvent quand même attaquer vos plantes. Quand cela est possible, mieux vaut cultiver des variétés réfractaires aux insectes et aux maladies. Dressez des barrières pour arrêter les invasions de parasites, nettoyez soigneusement votre jardin pour le débarrasser des insectes et maladies qui survivent à l'hiver, ne pulvérisez que des « produits maison ».

Privilégiez la prévention et veillez à choisir les plantes de votre région. Demandez aux « anciens », eux savent...

Enfin, après tant de labeur aride, vient le moment tant attendu : celui de la récolte. Jetez tous les jours un coup d'œil à votre potager pendant la saison végétative, et ramassez ce qui est mûr, même si vous n'avez pas de place au réfrigérateur. Avec autant de légumes, plus vous cueillez, plus ils produisent. Faites cadeau de vos produits frais à vos amis, parents et voisins, mais ne cessez jamais de récolter, ne jetez rien : congelez, faites des bocaux, stockez vos légumes sous terre. Le jardin « zéro déchet » c'est facile !

Les grandes règles du « zéro déchet »

Réduire le gaspillage d'eau au jardin

À l'approche du pic de consommation estivale, il est extrêmement important de conserver l'eau et de l'utiliser de manière plus intelligente, même au niveau des ménages. Nous nous dirigeons tous vers des températures plus chaudes et plus sèches dans un avenir proche, la pression sur nos réserves d'eau potable ne fera donc qu'augmenter. Des efforts pour gaspiller le moins d'eau possible peuvent donc nous aider non seulement à économiser de l'argent mais aussi à avoir des jardins et terrasses plus résistants et plus tolérants à la sécheresse.

Des plantes 0 % plastique et 0 % tourbe

Vous n'aurez plus à vous demander quoi faire de vos pots en plastique, car ces plantes n'en ont pas. Tout simplement. Vous les mettez directement en terre ou en jardinière. Vous pouvez réutiliser le tuteur en bambou, et l'étiquette en encre végétale pour vous rappeler ce que vous avez planté.

Le paillage, une couverture essentielle

Un autre conseil pour économiser l'eau est de pailler le sol de votre potager, de votre jardin pour retenir l'humidité. Assurez-vous aussi que vous arrosez tôt le matin ou le soir pour que l'eau ne s'évapore pas trop vite au soleil, avant qu'elle soit absorbée par le sol. Le paillis peut être ramassé sur place à partir de feuilles tombées, d'élagages, de compost et de tontes de gazon.

Revaloriser vos déchets ménagers

Au lieu d'acheter des pots, barquettes en plastique pour vos semis et des étiquettes en plastique, fabriquez-les vous-même à partir de journaux, de cartons, de bâtons de sucettes, etc.

Diviser et multiplier vos plantes.

De nombreuses plantes vivaces peuvent être déterrées et divisées pour de nouvelles plantations, ce qui vous permet de repeupler davantage de zones dans votre jardin. Certaines plantes se prêtent à la multiplication par bouturage aussi. Pour en savoir plus : **www.vive-le-vegetal.com**

Investir dans des outils de qualité

Il vous suffit de retourner dans le jardin de vos (grands-)parents pour remarquer qu'ils ont les mêmes outils depuis des années ! Pour une plus longue utilisation des outils, évitez le plastique ! Partagez aussi vos outils entre voisins respectueux : pourquoi ne pas monter une mini-coopérative de prêt dans votre quartier ?

Tous au compost

Le compostage domestique transforme vos déchets de cuisine et de jardin ainsi que vos papiers et cartons en un aliment riche en nutriments pour votre jardin. C'est facile à faire et à utiliser. Ce dont vous avez besoin pour commencer, c'est d'un bac à compost et d'un peu d'espace extérieur.

Adopter la vie animale

Le terme « bio-diversité » veut dire que l'on accueille une large diversité d'espèces végétales (fleurs, arbustes, plantes potagères, aromatiques...) et d'espèces animales (oiseaux, insectes, micro-organismes invisibles...). Dans le milieu sauvage, on parle plutôt d'un « écosystème » pour désigner des espaces où une large variété de vies animales et végétales se sont organisées et vivent en équilibre. Un jardin, même de petite taille, peut devenir un écosystème/système en équilibre sympathique pour la nature.

La diversité des espèces favorise une coopération de tous les éléments du jardin, notamment pour l'équilibre entre la population de ravageurs et les auxiliaires bénéfiques.

Transmettre le savoir

Le respect pour l'environnement immédiat commence à la maison et aussi à l'école. L'enceinte de l'école comporte des éléments de l'environnement naturel, de l'environnement bâti et de l'environnement social. La prise de conscience par les enfants de tous ces éléments et la façon dont ils apprennent à les traiter les aideront à devenir des adultes écoresponsables.

Respecter le sol

Le sol est un milieu vivant dans lequel évoluent de nombreux organismes. Sa qualité dépend en grande partie de l'activité, de la diversité et de l'équilibre existant entre les différents organismes vivants qui le composent. Du plus grand au plus petit, chacun remplit des fonctions primordiales à la vie du sol, et donc à celle de la plante.

Le bon fonctionnement de notre environnement terrestre dépend de l'équilibre entre ses habitants bénéfiques et ceux « indésirables ».

Conserver sa production

Stocker sous terre, congeler et mettre en bocaux sont quelques solutions pratiques pour éviter de gaspiller et surtout faire des économies substantielles chaque année. Si vous choisissez de congeler vos légumes, préférez du frais et de la qualité.

Produire ses propres graines

C'est économique (plus besoin d'acheter ses semences tous les ans), c'est valorisant et stimulant à la fois (quelle joie et quelle fierté d'une saison à l'autre de récolter les bons fruits et légumes issus de ses propres graines). C'est une activité qui peut être faite par toute la famille. Impliquer les enfants dans le processus (observation, récolte, stockage, semis) les éveille au cycle de la vie, aux rythmes naturels, aux saisons...

Récupérer les eaux grises

Les « eaux grises » sont des eaux très légèrement usées. C'est votre foyer qui les génère, en faisant la vaisselle par exemple, ou bien en rinçant les fruits ou les légumes. L'utilisation des eaux grises permettra de réduire la consommation d'eau.

Partie 2

Analyser et modéliser

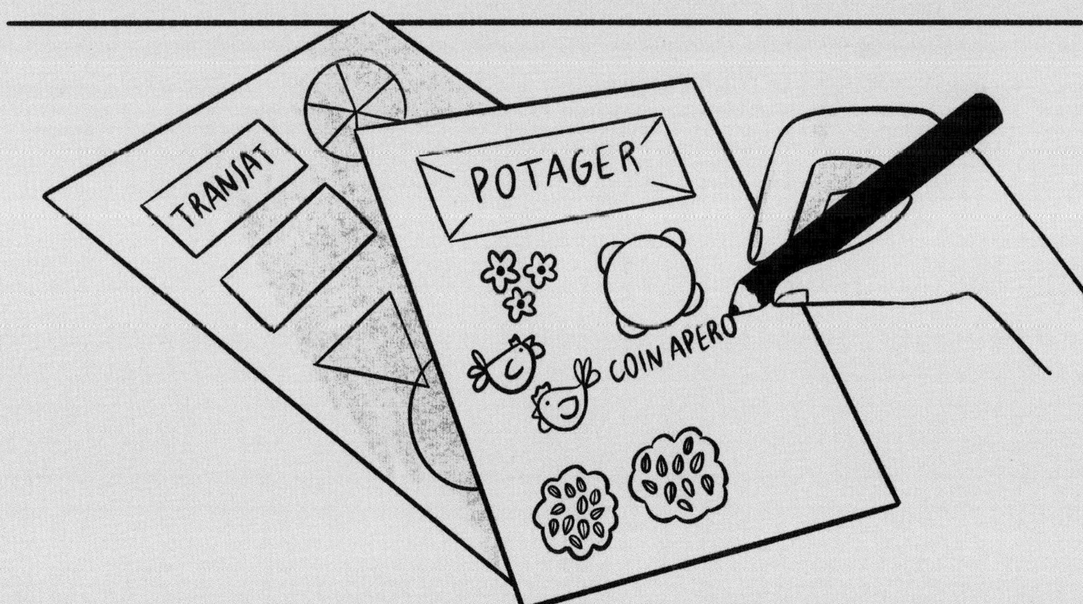

Dans cette partie…

Nous verrons comment connaître la base de votre jardin : le sol ! Analyser sa composition et établir les contraintes pour mieux choisir les plantes adaptées à sa nature vous aideront à réduire les déchets produits lors de la plantation et de l'entretien de votre jardin. Organiser son jardin « zéro déchet » demande de l'observation : prenez une feuille et un crayon avant d'aborder cette partie. Ils vous permettront de crayonner rapidement votre espace, de définir vos envies et de trouver une solution aux contraintes rencontrées sur le terrain. Peu importe l'espace que vous avez, même dans une simple cour il est possible d'intercaler quelques légumes au milieu d'un parterre de fleurs, et de simples pots sur un balcon peuvent produire un éden incroyable.

DANS CE CHAPITRE

Les différents tests

•

Les plantes indicatrices

Chapitre 3
Connaître son sol

Avoir connaissance de son sol, c'est la base du jardinier « zéro déchet ». Une plante coûte cher en jardinerie et la planter dans un sol qui ne lui convient pas vous donnera bien des déboires sur la vie raccourcie de cette dernière.

Le sol est la source de toute vie sur terre, il peut être sableux, argileux, calcaire, acide et même cumuler parfois les problèmes.

L'analyse de sol en laboratoire est une belle idée, il vous en coûtera une centaine d'euros. Mais vous pouvez déjà facilement détecter sa texture, qui est déterminée par sa quantité d'argile, de limons et de sables.

Le test de la boulette

Prendre de la terre humide en surface, en faire une petite boulette dans les mains, un peu comme de la pâte à modeler, bien malaxer, une fois que la boulette est parfaite en faire un boudin. Si le boudin qui en résulte est granuleux et fendillé, la terre est sableuse. S'il est légèrement collant et granuleux, d'un diamètre inférieur à 7 mm, et colore un peu la peau, la terre est limoneuse. Enfin, s'il est facile de faire un cerceau, la terre est argileuse à raison d'au moins 25 % d'argile.

Test de la décantation

Figure 3-1 Les bocaux après quelques jours de repos

À l'endroit où vous pensez faire votre potager ou établir un massif, prélever la terre sous la couche d'herbe. Mettre dans le bocal de la terre de votre jardin, compléter du même volume d'eau. Secouer énergiquement dans tous les sens. Laisser décanter 4 jours sans bouger le bocal. Les graviers se déposent en premier, suivent les sables grossiers puis fins. Les limons puis les argiles sont les derniers à se déposer après parfois plusieurs jours. Il se peut que l'eau de mélange reste trouble plus de 7 jours. Mesurer chaque couche et la hauteur totale. À l'aide d'une règle de 3, déterminer le pourcentage de la couche sableuse, limoneuse, argileuse. À partir de ce constat vous pouvez vous référer au triangle des textures du sol afin de définir les pourcentages de chaque texture.

» Texture argileuse : les sols argileux sont chimiquement riches mais leur propriété physique provoque une mauvaise aération, une imperméabilité et une mauvaise pénétration des racines. Le travail du sol y est difficile du fait de sa compacité à l'état sec et de sa plasticité à l'état humide. Une bonne humification peut améliorer sa structure et ainsi corriger ces défauts.

Terre argileuse

» Texture limoneuse : les sols riches en limons sont plus sujets à l'érosion que les autres, provoquent la formation de structure massive et mettent du temps à se restructurer. De même que pour les sols argileux, une teneur suffisante en humus permet de contrer ces aspects défavorables ;

Terre calcaire

» Texture sableuse : les sols riches en sable sont bien aérés et ainsi très faciles à travailler. Ils retiennent peu l'eau et sont peu fertiles car les éléments nutritifs sont facilement lessivés. Ils ont cependant l'avantage d'être plus propices au développement racinaire ;

Terre sablonneuse

» Texture équilibrée : elle correspond à un mélange d'argile, de limon et de sable pour lequel la plupart des qualités de ces 3 types sont présentes, sans en avoir les défauts. Ex : 15-20 % d'argile, 30-35 % de limon et 40-50 % de sable.

Terre humifère

Plantes indicatrices de sols

Terre à tendance argileuse, lourde, collante : présence de prêle, jonc, liseron, chiendent, spirée des prés, carex, saule, bouleau, frêne, etc.

Terre contenant de l'azote en excès : présence d'ortie bien drue, aux feuilles vert foncé.

Terre de jardin de bonne qualité : présence de ronce.

Terre compactée : présence de plantain majeur, chiendent, liseron, etc.

Terre acide : présence de bruyère, callune, fougère aigle, petite oseille, genêt, ajonc, arbousier, bouleau, châtaignier, etc.

Terre siliceuse, drainante, pauvre en humus : présence de bette maritime, fétuque rouge, lavatère arborescente, plantain corne de cerf, genêt à balai maritime, etc.

Terre calcaire : sainfoin, thym, hellébore fétide, buis, genévrier, chêne vert, etc.

Test de lessivage

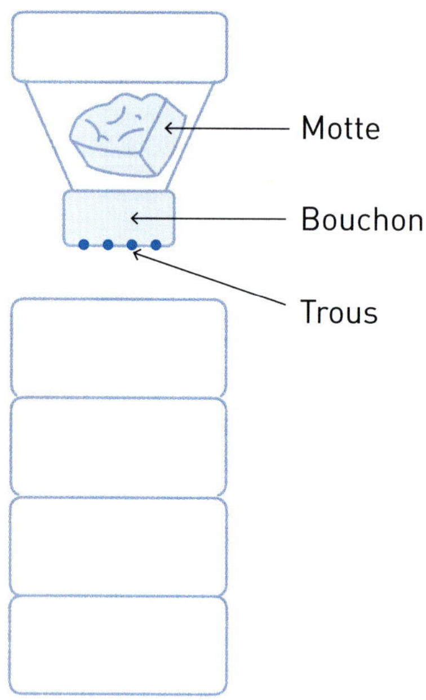

Figure 3-2 Réutilisation d'une bouteille en plastique

Coupez une bouteille en plastique avec des trous de 2 mm dans le bouchon et munissez-vous d'un bocal transparent. Positionnez dans l'entonnoir votre échantillon de terre au-dessus d'un bocal en verre. Versez ensuite un verre d'eau et observez. Il y a colmatage si l'eau ne ruisselle pas. Le sol est lessivé si la couleur de l'eau est foncée, c'est-à-dire chargée en substances organiques.

Vous observerez soit un « lessivage », c'est-à-dire une perte de ces éléments nutritifs du sol vers la nappe phréatique. C'est le cas en général des sols sableux qui ne retiennent ni l'eau ni les éléments nutritifs.

Soit un ruissellement lorsque le sol est imperméable. C'est le cas des sols compacts et non poreux de type argileux.

Soit une capacité à retenir les éléments nutritifs du sol sans subir de lessivage et à absorber une quantité importante d'eau sans effet de ruissellement.

Test de la matière organique

Prélevez un échantillon du sol et versez une petite dose d'eau oxygénée avec une pipette. On observe la formation de bulles, soit un processus d'effervescence.

Si l'on observe une effervescence immédiate et courte, le sol est riche en matière azotée et pauvre en carbone.

Si l'on observe une effervescence tardive, le sol est riche en matière carbonée et pauvre en azotée.

Si l'on observe une effervescence continue, longue et intense, le sol est équilibré en carbone et en azote.

DANS CE CHAPITRE

Labourer : pour ou contre ?

•

Les vers de terre

•

La grelinette et le paillage

Chapitre 4

Travailler son sol, un débat

En France, les superficies non labourées stagnent autour de 35 % (enquête Agreste). En effet, la suppression du labour s'avère plutôt rare. Bien évidemment, la rotation culturale et le type de sol jouent : le labourage est plus fréquemment abandonné dans les sols argilo-limoneux (39 % ne sont plus labourés).

En général, la profondeur de travail n'excède pas 25 cm. Résultat : le sol est décompacté et aéré. Le labour mélange à la terre les résidus de récolte, les fumiers, la chaux ou les engrais minéraux en y introduisant de l'oxygène. Autre avantage à retourner la terre, la minéralisation des éléments s'accélère et il y a moins de pertes d'azote par volatilisation. À court terme, la quantité d'azote disponible est supérieure. L'absence de résidus à la surface des parcelles accélère l'évaporation de l'eau et réchauffe le sol.

Figure 4-1

Conséquences de l'érosion du sol

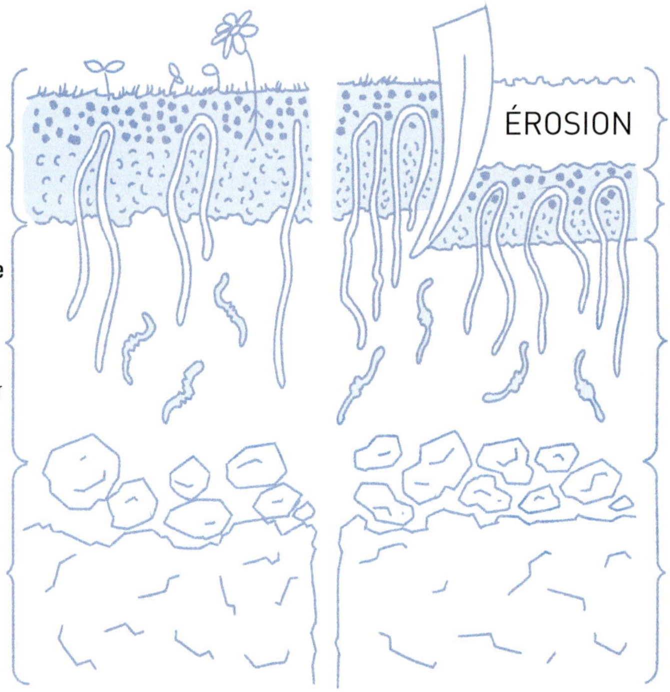

Mais une récente enquête parue *Sciences et Avenir* compilant 62 études scientifiques démontre que les pratiques de travail des sols agricoles dans le monde concluent à l'avantage agronomique certain du « non labour ». 1 gramme de sol contient 1 million d'espèces de bactéries, 100 000 espèces de champignons, 1 000 espèces d'invertébrés (acariens, collemboles, nématodes, etc.) parmi lesquels les rois de ce milieu, les vers de terre, principaux acteurs de la fertilité des sols.

Un sol sain compte une douzaine d'individus par m^3. Ce microcosme aère le sol, décompose les résidus des végétaux et les transforme en matière organique de nouveau assimilable par les plantes. C'est ce recyclage qui est perturbé par le labour. Si le retournement des terres a un impact positif sur la vie bactérienne en provoquant la création de milieux de vie différents favorisant la multiplication des espèces, il stimule en revanche l'apparition de bactéries porteuses de maladies pour les plantes !

Les inconvénients du labour

Disparition de la couche d'humus superficielle, érosion des sols (particulièrement s'ils sont fragiles) ou dessèchement, baisse de la quantité de matière organique en surface (et la qualité), enfouissement en profondeur des débris végétaux, amendements organiques, nématodes et micro-organismes décomposeurs.

Conséquences : les champignons aérobies meurent et les sols s'acidifient, les racines sont parasitées, les nitrates sont lessivés et polluent les nappes phréatiques. Sans parler des apports d'engrais conséquents, nécessaires pour pallier ce déficit.

Les vers de terre, stars de nos jardins

Avec 6 000 espèces décrites dans le monde dont 400 en Europe, les vers de terre représentent également la biomasse animale terrestre la plus importante. Avec une telle présence, leur rôle dans nos jardins est capital pour la transformation de l'humus.

Les « épigés » vivent sur le sol, à l'abri sous les feuilles. Ils sont rouges, très fins, et beaucoup plus vifs que les autres. On les trouve en particulier dans les tas de compost ou de fumier. Les « anéciques » creusent des galeries verticales et passent leur temps à aller chercher de la nourriture à la surface et à la rapporter en profondeur. Les « endogés » vivent en profondeur et consomment la matière organique déjà incorporée au sol.

Tout ce trafic rend la terre plus meuble, ce qui facilite la pousse des racines, améliore la pénétration et l'écoulement de l'eau et participe à la régulation naturelle des ravageurs du sol. Leurs déjections, visibles à la surface sous forme de turricules, sont 10 fois plus fertilisantes que la terre seule.

Figure 4-2

Les vers ou la vie sous terre

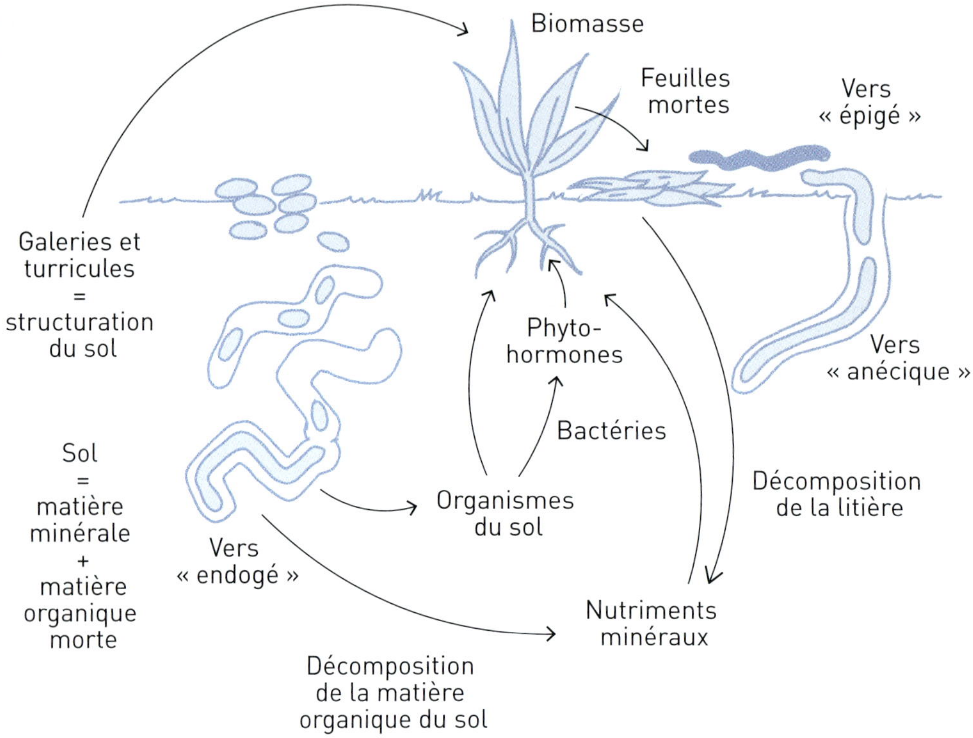

Favoriser leur implantation

1. Nourrissez-les bien

   Les vers ont besoin d'azote dans leur régime alimentaire et apprécieront tout autant que vos plantes un apport de compost.

2. Cultivez en douceur

   Pour éviter de couper les vers avec votre sarcleur, travaillez en milieu de journée, quand ils sont profondément enfoncés dans le sol.

   Pour creuser ou pour planter, utilisez une fourche de jardin, pas une bêche, et allez-y délicatement. Le lendemain, un grand nombre de vers aura quitté la zone, et vous pourrez travailler plus vigoureusement.

3. Attirez les bons vers de terre avec du paillis

   Le paillis apporte aux vers la nourriture dont ils ont besoin et empêche la terre de devenir trop chaude et trop sèche, ou trop détrempée et trop froide.

La grelinette et le paillage sont vos alliés

Le paillage

Le paillage est une des solutions pour « le non-labour ». Les intérêts pour le sol sont nombreux :

Les paillis forment une protection contre le tassement superficiel de la terre, notamment sous l'action de la pluie. Vous évitez donc la formation d'une croûte imperméable de surface qui empêcherait l'eau de s'infiltrer et la respiration du sol.

Ils favorisent l'activité biologique du sol et le développement des insectes utiles au jardinier.

Été comme hiver, jour et nuit, le sol reste humide longtemps et est bien aéré, c'est pourquoi les micro-organismes du sol, les vers de terre et autres insectes (carabes, staphylins, mille-pattes, araignées, coccinelles…) s'y développent facilement. En effet, ce sont eux qui rendront les éléments nutritifs disponibles aux plantations par leur travail de digestion.

En utilisant un paillage de déchets de jardin (feuilles mortes, brindilles, et herbes sèches…) qui finira par se décomposer en humus, vous enrichissez le complexe argilo-humique du sol et en augmentez la fertilité. Vous créez de bonnes conditions de croissance pour les plantes qui, de ce fait, sont plus résistantes aux maladies, ravageurs et aléas climatiques.

Figure 4-3

Conséquences du paillage

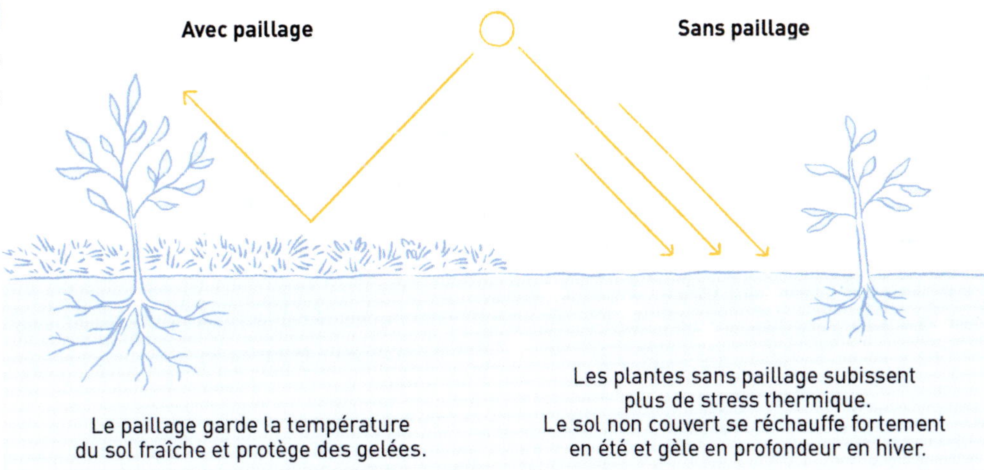

Tableau 4-1 Paillage organique composé d'éléments végétaux

Types	Points positifs	Points négatifs	Utilisation
Paille	Couleur claire, très économique	Bien souvent chargé de graines	Pour les massifs de fleurs, d'arbustes, les rosiers. Une épaisseur de 10/20 cm
Mulch et écorces de pin	Granulométrie variable, pH 4,5/5, durée de vie de 4 à 5 ans, couleur marron foncé	Acidification du sol	Pour les massifs d'arbustes, rosiers, haies. Une épaisseur variable suivant la granulométrie
Paillettes de chanvre	Très bon pouvoir de rétention d'eau (5 fois son poids), isolant thermique, pH neutre, couleur beige blanc, bonne durabilité	Difficulté d'approvisionnement, durée de vie limitée (une saison)	Pour les massifs de fleurs et rosiers. Une épaisseur de 10 cm
Cosses de sarrasin	Bon apport de matière organique et d'humus, décomposition rapide, pH neutre, sa rugosité éloigne les escargots et les limaces, couleur foncée	Rarement proposées à la vente dans des régions non productrices de sarrasin	Pour les massifs de fleurs et les rosiers. Une épaisseur de 5 / 10 cm
Paillettes de lin	pH neutre, isolant thermique, apport d'humus, couleur brun clair	S'envolent facilement au vent	Pour les massifs de fleurs et les rosiers. Une épaisseur de 10 cm

La grelinette

La grelinette est un outil de jardinage et de maraîchage qui permet de préparer la terre en aérant le sol sans le retourner à la différence du labour. L'air qui pénètre dans la terre permet la vie et le développement de tous les petits organismes et des champignons, ce qui crée la fertilité des sols et le développement de l'humus.

La grelinette se compose de deux manches parallèles et de dents en acier (2 à 5 dents en fonction des modèles). Le principal effort à fournir consiste à enfoncer les dents en acier trempé dans le sol en appuyant sur la monture de l'outil avec un pied. Il suffit ensuite de tirer en arrière, en gardant le dos bien droit, tout en effectuant des mouvements de gauche à droite pour briser les mottes.

Avantages de la grelinette

Le travail de la terre est plus rapide qu'avec une bêche.

Le travail préserve la structure et la vie du sol, la terre est aérée (pas cassée ou retournée).

La position de travail permet de maintenir le dos droit et donc d'éviter les maux du jardinier. Fonctionne dans les sols lourds et les terres compactes.

Figure 4-4 Utiliser une grelinette

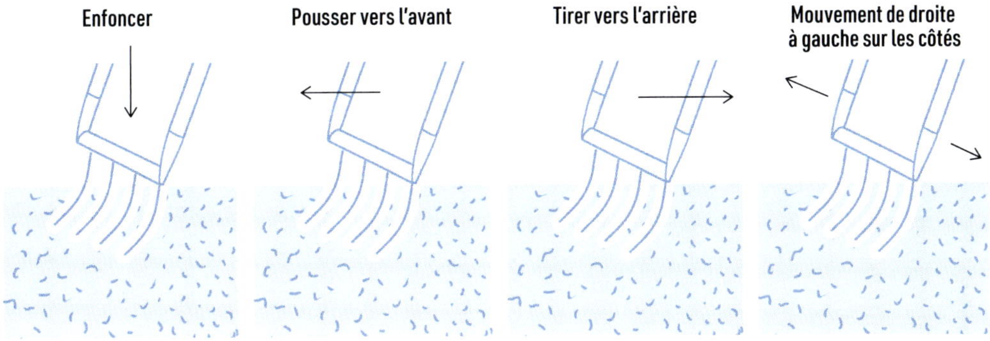

DANS CE CHAPITRE

Crayonner son jardin

•

Comprendre les enjeux de chaque zone

Chapitre 5

Organiser ses zones au jardin

Faire l'état des lieux

Avant d'imaginer votre futur jardin, il est important de faire l'inventaire des principaux éléments existants. Cette première étape est nécessaire car elle conditionne ensuite la création de votre jardin. Inscrivez sur un carnet tout ce que vous voyez et même ce qui n'est pas visible.

- » Le terrain : sa forme, son exposition, la nature du sol ;
- » Les équipements et installations fixes : l'emplacement de la maison, de la terrasse, l'entrée, les allées, le garage, les haies, les clôtures et les murs ;
- » Les éléments du décor : bassin, pergola, statue... ;
- » Les végétaux : taille et forme ;
- » Les éléments enterrés : éclairage, arrosage, écoulement... ;
- » L'environnement : les poteaux et lignes électriques, le voisinage et les vues dégagées et à masquer...

Figure 5-1

Exemple d'un schéma de jardin

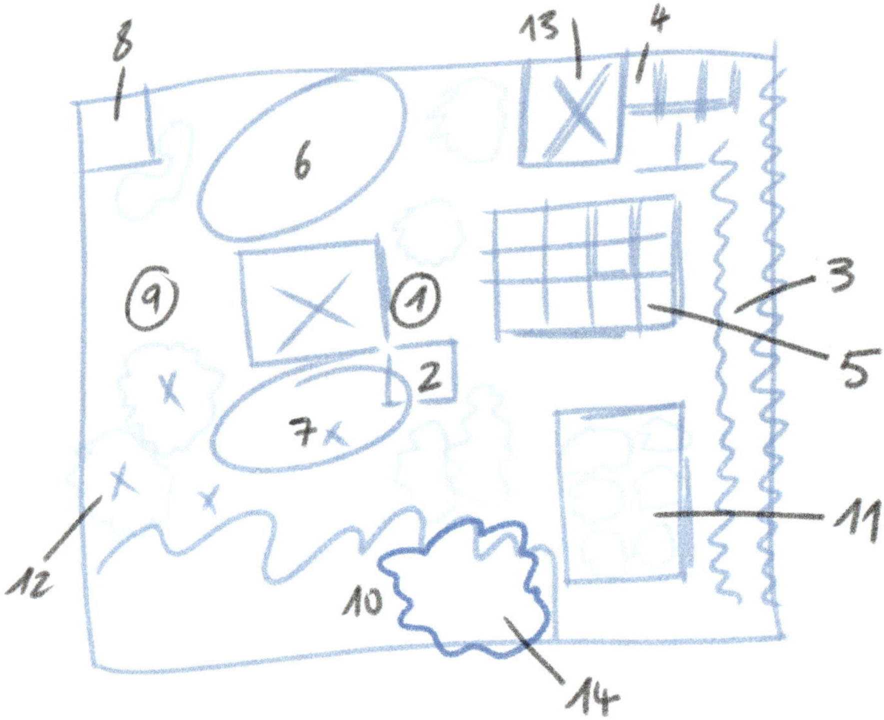

❶ **Maison d'habitation**

❷ **Zone de récupération des eaux de pluie**

Vous pouvez utiliser l'eau de pluie librement à l'extérieur de votre habitation, notamment pour arroser votre jardin ou nettoyer votre voiture. Voir partie 6, chapitre 25.

❸ **Haie mixte et variée**

La mixité des essences végétales est aussi importante pour préserver la biodiversité d'un espace, et ainsi entretenir la faune et la flore. Elle aura un grand intérêt pour tout le jardin car elle brisera les vents violents permettant aux fruits et légumes de mieux pousser, de créer un microclimat en gagnant quelques degrés en hiver…

❹ **Composteur 3 bacs protégé des vents et du champ de vision**

Vous pouvez décider de l'emplacement de votre composteur. Néanmoins, il y a quelques astuces à connaître. Il ne faut pas qu'il soit placé trop près d'une source d'eau. Il est préférable de ne pas le mettre trop près de chez votre voisin, qui pourra vous demander de l'enlever. Enfin, pensez au côté pratique en évitant de le mettre trop loin de votre maison si vous devez y jeter des déchets quotidiennement.

5 Potager au carré

Cette méthode bouleverse les codes habituels de culture d'un potager nourricier. Il permet d'obtenir autant de récoltes pour vivre en autonomie, à deux, avec seulement 12 m² de surface cultivée. On gaspille moins et c'est mieux.

6 et 7 Zones de vie

Terrasses en bois recyclé

Des travaux de plus grande ampleur peuvent également être menés en bois recyclé. Même si ces expériences demandent de la rigueur et un grand respect des normes de sécurité, une terrasse en bois recyclé est réalisable.

8 Toilettes sèches

Écologiques et économiques, les toilettes sèches se développent chez les particuliers. Mais leur installation impose de connaître certaines règles.

9 Zone de jeux pour les enfants

10 Zone de friche ou prairie fleurie

Mélangez les plantes avec des plantes indigènes locales et des plantes utiles aux espèces animales (arbres à baies, plantes mellifères, fleurs simples produisant du nectar). Ne pas essayer de tout contrôler et accepter de se laisser surprendre : laissez de nouvelles espèces s'installer spontanément, laissez pousser la pelouse par endroits...

11 Zone fruitière

12 Arbres pour l'ombre et la biodiversité

13 Cabanon de jardin

14 Bassin ou zone aquatique

Dans le point le plus bas du jardin. Les plantes aquatiques seront utilisées comme des filtres et surtout des éléments purificateurs naturels de l'eau présente dans le bassin. Si ce dernier est de bonne taille, vous avez la possibilité d'y introduire des poissons. Ils vous aideront à éliminer les larves des moustiques.

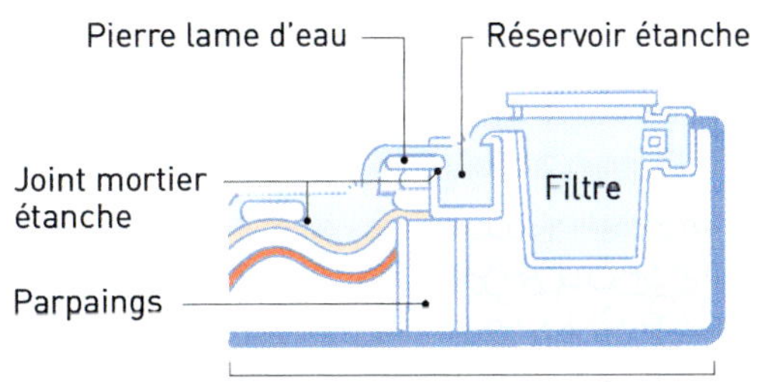

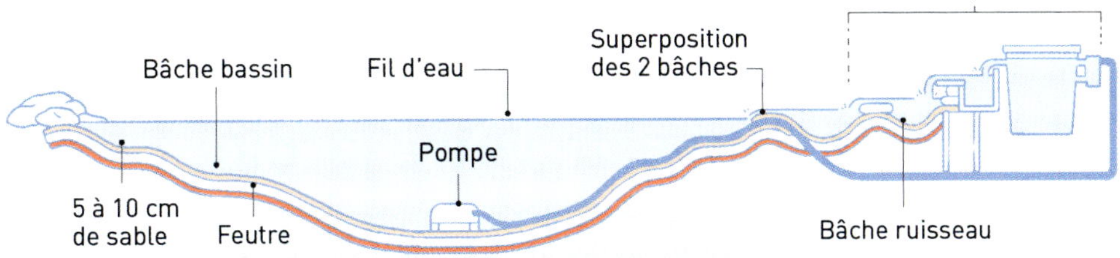

Figure 5-2 Coupe d'une zone aquatique

Au moment de l'établissement du plan, prévoyez l'implantation de l'arrosage enterré, le passage des conduits électriques pour l'éclairage du jardin et des servitudes, l'alimentation électrique du futur portail automatique. Même si ces travaux ne sont pas prévus dans l'immédiat, un bon plan sera toujours utile le moment venu.

Crayonner votre jardin

S'il y a un bel arbre dans le jardin de votre voisin, il n'y a pas de raison d'en cacher la vue par vos propres plantations. Les haies, clôtures et murs existants seront autant d'éléments à intégrer dans votre projet d'aménagement. Faire un jardin ne s'improvise pas. Afin d'utiliser au mieux la surface disponible, il est souhaitable de réaliser un plan soigneusement établi.

Faire une coupe de votre jardin

Dans la nature, l'ondulation d'une colline, l'arc d'une plage ou les méandres d'un fleuve illustrent la manière dont le paysage général se dessine sous l'action des éléments. Les lignes verticales de la maison, des clôtures, des murs, des haies végétales, des arbres donnent des perspectives. Les courbes donnent du relief, les creux et bosses, du modelé ; l'apport d'éléments minéraux comme les murets, les dallages, les escaliers ou la terrasse équilibrent l'ensemble. Les bassins et les jeux d'eau créent du mouvement. Quant aux végétaux, selon leur forme, leur taille et leurs couleurs, ils créeront l'harmonie des différents lieux du jardin.

Figure 5-3

Une coupe de jardin

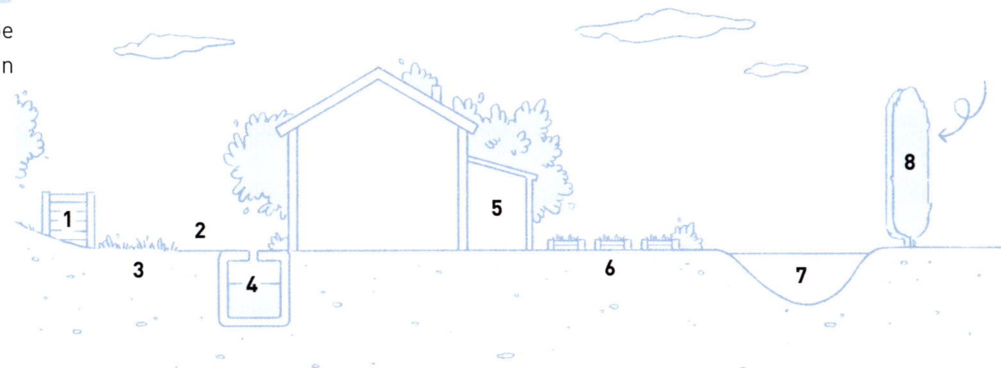

1. zone compost et ou toilettes sèches
2. zone détente
3. végétaux si sol en pente pour rétention d'eau et éviter l'érosion
4. cuve récupération eau de pluie
5. zone détente avec pergola pour filtrer la lumière et climatiser naturellement la pièce principale (utiliser des plantes grimpantes caduques pour augmenter la lumière en hiver)
6. potager en carré près de la maison
7. bassin en contrebas
8. haie mixte brise-vent/vues indiscrètes

Avant de concevoir votre jardin

- Définir les besoins et l'ergonomie de votre famille ;
- Rapprocher les points d'intérêt de votre habitation (potager, composteur, eau, aromatiques, zone de jeux des enfants...) ;
- Définir à l'avance vos besoins en eau (arrosage) et en lumière (éclairage) ;
- Définir les vues à dégager et à masquer ;
- Quels sont les vents dominants ?
- Quelles sont les plantes locales ?
- Combien de temps puis-je consacrer à mon jardin chaque semaine ?

Les éléments essentiels

Le choix des arbres

Au fil des années, leur croissance crée une atmosphère de tranquillité, un air de maturité dans la composition du jardin. Avec leurs lignes verticales et leurs volumes importants, les arbres donnent de la profondeur aux jardins les plus modestes et favorisent un climat d'intimité. Il est bon de connaître les dimensions de l'arbre à l'âge adulte et le bon voisinage des différentes espèces. Il en est de même pour les arbustes qui constituent l'arrière-plan du décor et qui déterminent la perspective et le modelé du jardin. On accuse la profondeur d'une perspective en plaçant des feuillages clairs au fond du jardin et des feuillages sombres en avant. Il en est de même pour les massifs.

Une clôture naturelle

En plus d'être décorative tout au long de l'année, de protéger le jardin du regard et des vents dominants, elle a une ou plusieurs fonctions particulières utiles au jardin. Cela peut être la production de fleurs à nectar pour les insectes, de petits fruits pour les oiseaux, de feuillages persistants ou caducs pour offrir des abris à la faune du jardin. Elle est beaucoup plus résistante aux divers ravageurs et maladies qu'une haie homogène composée d'une seule et même essence.

À savoir

Les poches de froid

L'air froid comme dans un appartement se dirige vers le point le plus bas de votre jardin, cela crée des zones où le gel est plus fréquent, plus fort. Évitez d'y mettre des plantes fragiles ou un potager. L'astuce : taillez les branches basses de vos arbustes ou haies pour que l'air y circule plus librement et optez pour des haies perméables type haies mixtes.

Pelouse verte et fleurie

Associée à des massifs ou à des plates-bandes, la pelouse adoucit la sévérité des lignes du jardin. Le tracé incurvé d'une pelouse conduit le regard à se poser sur le jardin plutôt que sur ses limites. Les endroits peu fréquentés par la famille seront conduits en pelouse fleurie plus intéressante pour la biodiversité.

Choisir la bonne voie

Les allées sont un des points délicats dans la création d'un jardin. Le plus souvent la ligne droite s'impose. Pour les allées carrossables la largeur minimum est de 3 mètres, elle correspond au standard des portails, 4 mètres garantissent une dimension plus confortable. Pour supporter les passages fréquents de véhicules, un terrassement est indispensable. Le chemin le plus court n'est pas obligatoirement le plus esthétique et le plus harmonieux. Les lignes droites font paraître le terrain plus court. À l'inverse, une allée courbée agrandit l'espace. Les allées de servitude doivent avoir une largeur de 1,50 mètre au minimum. Pour accéder à vos plantations, les passages d'une largeur de 80 cm environ auront un tracé sinusoïdal, bordés de plates-bandes de fleurs, de fougères ou de plantes herbacées, elles invitent à la promenade dans le jardin. Les sentiers seront limités à 50 cm de large. Ils doivent être discrets, ils n'ont pas une fonction de circulation. Entouré de verdure, le sentier conduit à un banc, à une fontaine... Simplement marqué de pas japonais en bois ou de dalles.

À savoir

» Pour faciliter la tonte, limitez le gazon aux zones et pentes ne dépassant pas une inclinaison de 25 % ;

» Installez des plantes couvre-sol ou prairie fleurie sous les arbres, là où le gazon est difficile à entretenir ;

» Évitez les angles et tournants brusques sur lesquels il sera difficile de manœuvrer la tondeuse.

DANS CE CHAPITRE

Choisir le local

•

Planter selon les contraintes

•

Penser « zéro déchet » : les perpétuelles

Chapitre 6

Des plantes sur mesure

Le zéro déchet c'est aussi le respect des plantes que l'on va choyer pendant plusieurs années. 20 % des plantes finissent à la poubelle ou sur le compost par méconnaissance de ces dernières. Le coup de cœur est à proscrire, sauf si vous connaissez bien l'espèce que vous allez adoptez et surtout les lieux qui vont l'accueillir et l'accompagner durant de nombreuses années. Avant toute chose, discutez avec vos voisins pour savoir ce qui pousse bien dans la région. Faites analyser votre sol pour éviter de « rendre malade » votre plante et de la rendre plus sensible aux maladies.

Des choix locaux

Chaque région possède ses spécificités végétales qui constituent un patrimoine naturel et local. Choisir des plantes de votre région, c'est aussi offrir un habitat pérenne à la faune locale.

Les avantages sont nombreux

- Gestion des plantes invasives ;
- Choix de plantes dont la traçabilité est connue ;
- Alternatives aux plantes annuelles ;
- Utilisation d'essences régionales, diversification de la palette horticole, gestion de la monospécificité ;
- Laisser pousser des herbes et fruitiers sauvages (forêt comestible) ;
- Planter des espèces adaptées à ma région (meilleures résistances).

Que planter autour de sa maison ?

Au pied de la maison, le sol est souvent mauvais car il a été dérangé lors de la construction. Il peut comporter plus de cailloux ou de sable qu'ailleurs. De plus, les fondations du mur peuvent interdire toute plantation à moins de 20 cm des murs. Près de la maison, ne plantez donc pas d'arbre ni de grand arbuste dépassant 3 m de hauteur. Choisissez des essences à feuilles persistantes, offrant une floraison parfumée afin d'en profiter les fenêtres ouvertes (sarcococca, osmanthus, *Lonicera fragrantissima*, corylopsis, et les buis conviendront bien). Côté fleurs, le pied de la maison permet de voir fleurir des agapanthes, de la *Lavandula stoechas*, des sauges et des népétas, si le mur est bien ensoleillé.

À l'ombre, installez des hellébores d'Orient, des pulmonaires et des bergénias.

Que planter en bord de mer ?

Le vent qui souffle dans tous les sens, en direction de la mer mais aussi des terres, fait aussi beaucoup de dégât. Les embruns, chargés en sel, font également craindre des brûlures sur les feuilles, et ce jusqu'à parfois 2 km à l'intérieur des terres. Le sol, près de la mer, peut être très sableux, ce qui pose des soucis sur le plan nutritif et en été car il s'assèche en profondeur.

Misez sur des arbustes à feuilles coriaces : griselinias, oléarias, eleagnus, phormium, pittosporum, chêne vert...

Que planter près des canalisations ?

C'est une question fréquente aujourd'hui, surtout que de nombreux procès ont mis en lumière que certaines plantations pouvaient endommager vos canalisations et celles de vos voisins. La réponse aujourd'hui est simple : vous êtes responsable de vos plantations et des dégâts occasionnés dans l'air et dans le sol. De façon générale, ne les plantez pas à moins de 3 m de la canalisation, 5 m représentant une distance plus sûre. Pensez à protéger les canalisations des racines en enterrant un film « stop-racines » qui fera obstacle à la progression des parties souterraines des plantes.

Que choisir ?

Tournez-vous vers les végétaux à enracinement superficiel : cistes, buis, rhododendrons, rosiers, grandes lavatères, lilas et vivaces, en tout genre. Évitez les bambous, les conifères, les sumacs, les ailantes et les robiniers.

Si les tuyaux se situent à au moins 1 m de profondeur, vous pouvez en revanche installer des plantes vivaces au-dessus. Il n'y a aucun risque qu'elles causent des dégâts, même si leur végétation est très grande.

Figure 6-1 Plantes et canalisations

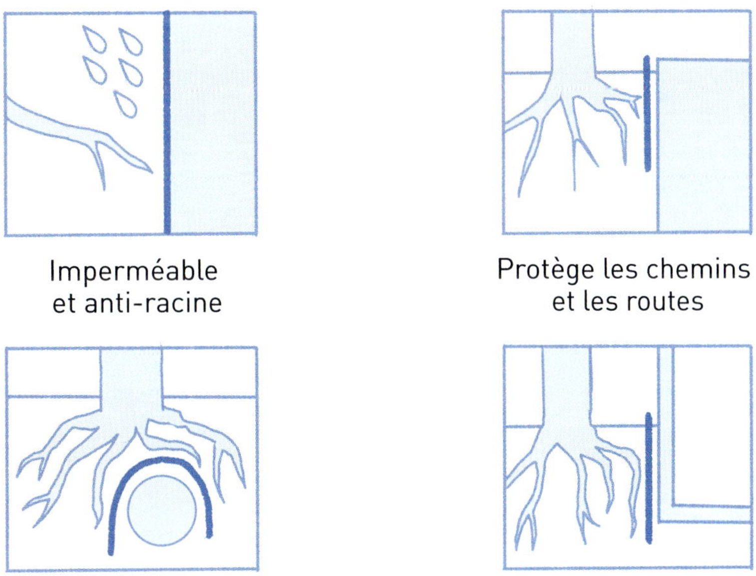

Que planter en zone chaude ?

Réchauffement climatique oblige, il existe certaines plantes qui peuvent supporter la chaleur sur une belle longueur, et sont donc à privilégier au jardin, les épisodes de chaleur et de sécheresse étant de plus en plus nombreux.

À savoir

Les rosiers montrent une étonnante résistance à la sécheresse, aussi bien que certaines plantes grasses.

Certaines plantes offrent une résistance à la sécheresse sous-estimée et qu'il vaut la peine de tester : comme les roses, les buddléias, les berbéris, les oléarias, la famille des pins, les graminées.

Rosier

Buddléias

Berbéris

Les valeurs sûres

- Sedum ;
- Sauge officinale ;
- Fenouil ;
- Origan ;
- Armoise ;
- Hélianthème ;
- Centaurée ;
- Lavande ;
- Ciste ;
- Olivier ;
- Laurier-rose ;
- Grenadier nain ;
- Figuier.

Que planter dans une zone humide ?

En bas d'une pente, près d'un cours d'eau, dans des creux naturels, il est conseillé d'adapter les plantations pour éviter de les fragiliser. Privilégiez les plantes dont les racines se propagent en surface plutôt qu'en profondeur (saule…). Les plantes vivaces à grosses racines spongieuses ont la particularité de s'aérer en quelque sorte « de l'intérieur », comme l'iris des marais (*Iris pseudoacorus*).

À savoir

N'oubliez pas d'ajouter une couche de graviers (10 cm) au fond du trou de plantation pour améliorer le drainage en défonçant à l'avance le fond du trou avec un piquet en bois par exemple pour ne pas créer de poche d'eau artificielle.

Iris des marais

Primevère

Quelques plantes

- arums ;
- barbes-de-bouc ;
- astilbes ;
- hémérocalles ;
- primevères ;
- fougères ;
- carex ;
- aulnes ;
- saules ;
- chêne palustre…

Que planter en zone inondable ?

La difficulté d'un lieu soumis aux inondations, c'est qu'en dehors des périodes de submersion, le sol peut être sec. Les plantes de terrain humide ne sont donc pas adaptées et il faut se tourner vers une palette végétale différente. Il faut des plantes particulièrement solides pour s'accommoder de ces conditions… fluctuantes, qu'on appelle « battement ».

L'orientation

Astuces

L'exposition et l'ensoleillement du jardin déterminent en majeure partie quels végétaux vous pouvez mettre en place. Vous avez à disposition de nombreuses techniques et astuces pour pallier un manque de soleil ou une terre trop humide. Connaître l'exposition aux vents de votre jardin vous permettra de l'aménager en conséquence. L'ensoleillement du jardin, c'est la quantité de soleil que reçoit le sol par jour. Connaître l'ensoleillement de son jardin permet de le cartographier, en différentes zones, de la plus ensoleillée à la plus à l'ombre et de la plus sèche à la plus humide. Lorsque l'on possède une maison, on peut avoir 4 possibilités d'aménagement : SUD/NORD/EST/OUEST. Les plantes sont très sensibles à toutes ces orientations, certaines s'adaptent à toutes. Une plante orientée nord n'aura pas la chance de bénéficier de soleil suffisamment. Une plante orientée plein sud aura le soleil à partir de 12 h, tandis que celle à l'ouest sera couverte de rayons en milieu d'après-midi jusqu'au coucher du soleil. Celle de l'est se réchauffera dès les premiers rayons du matin. Certaines régions sont sujettes à des vents spéciaux tels que le mistral, le brouillarta ou encore la bise. Ces vents sont plus violents et peuvent provoquer de nombreux dégâts dans les plantations.

Importance des vents

- Un vent du sud apporte de l'air chaud qui dessèche la terre ;
- Un vent du nord est froid et apporte le gel ;
- Un vent maritime assèche les végétaux et la terre.

Astuces

Que ce soit une haie, un mur ou un bâtiment, les obstacles aménagés dans le jardin vont ralentir ou même stopper les vents.

Que planter au sud ?

- laurier-rose ;
- olivier ;
- hibiscus ;
- hortensia ;
- lilas ;
- ciste ;
- glycine ;
- lavande ;
- plumbago ;
- bougainvillier ;
- cordyline ;
- solanum ;
- capucine ;
- gaura ;
- dipladenia ;
- pelargonium ;
- yucca ;
- agave ;
- aloé ;
- sedum ;
- cactus.

Que planter à l'est ?

- spirée ;
- rosier ;
- laurier-tin ;
- pivoine ;
- bruyère ;
- cognassier du Japon ;
- seringat ;
- chèvrefeuille ;
- impatience ;
- géranium vivace ;
- pétunia ;
- hellébore ;
- marguerite ;
- rose trémière ;
- persil ;
- cerfeuil ;
- menthe ;
- framboisier.

Que planter au nord ?

- cornouiller ;
- hortensia ;
- rhododendron ;
- azalée ;
- fuchsia ;
- fougère ;
- camélia ;
- lierre ;
- mahonia ;
- muguet ;
- hosta ;
- cyclamen de Perse ;
- bégonia ;
- oseille ;
- ciboule ;
- ciboulette ;
- consoude.

Que planter à l'ouest ?

- glycine ;
- rosier ;
- pivoine ;
- spirée ;
- magnolia ;
- oranger du Mexique ;
- œillet ;
- phlox ;
- camélia ;
- astilbe ;
- weigelia ;
- clématite ;
- pétunia ;
- hélichryse ;
- menthe ;
- sauge ;
- rhubarbe.

Les perpétuelles

Les aromatiques perpétuelles

Les plantes aromatiques viennent apporter un parfum caractéristique à nos salades et autres plats d'été. Utilisées également dans le domaine de la médecine, elles apportent ainsi leurs bienfaits sur notre santé, mais aussi dans notre cuisine.

Pourquoi mettre des aromatiques dans un jardin ?

» Les fleurs des aromatiques vont attirer bourdon, abeille, papillon et autres insectes qui polliniseront vos plantes et donneront de nombreux légumes. On peut augmenter sa production de légumes entre 10 à 20 % ;
» Les aromatiques vont perturber les sens olfactifs des insectes indésirables de votre jardin et de votre potager et font fuir nématodes, piérides et autres insectes indésirables par leur forte odeur ;
» Sauge officinale bicolore dorée ;
» Thé grec des montagnes ;
» Ciboulette de Chine ;
» Estragon des moines ;
» Basilic 'Magic Mountain' ;
» Ail des ours ;
» Cive Saint-Jacques ;
» Gros thym antillais ;
» Roquette perpétuelle ;
» La plante au goût de fromage.
» La plante curry ou herbe à curry
» Le Mitsuba

Fruits et fleurs perpétuels dans votre assiette

Les vivaces ont de nombreuses qualités : d'abord, elles ont un fort intérêt esthétique de par leur diversité de formes, de fleurs, de couleurs, de port ou de feuillage. Comme elles restent en place plusieurs années, elles sont aussi économiques d'un point de vue financier. Elles demandent moins de temps d'entretien et il n'est pas nécessaire de les replanter chaque année. Elles présentent surtout un grand intérêt écologique car il n'est pas nécessaire de jeter chaque année les déchets que produisent les annuelles et arroser abondamment comme le nécessite l'implantation en première année de tous végétaux.

» Agastache ;
» Capucine tubéreuse ;
» Echinacée poupre ;
» Hémérocalle ;
» Monarde ;
» La Poire-Melon (ou Melon-Poire) ;
» Coqueret du Pérou ;
» Fraisier Reine - *Fragaria vesca* ;
» Fraisier Cijosée - *Fragaria vesca* ;
» La plante à huître.

Les légumes perpétuels

Le légume perpétuel est un légume qui une fois planté repousse chaque année. Ce n'est pas une utopie mais bel et bien une réalité végétale !

Économique, écologique et surtout demandant moins de travail que le fier légume annuel, il correspond tout à fait au jardinier d'aujourd'hui qui veut miser sur le « zéro déchet » ou au débutant qui veut s'affranchir des tâches annuelles de plantation et d'entretien.

Une centaine d'espèces sont présentes sur la scène vibrante de nos potagers ! Ils ont des noms rares comme estragon des moines, glycine tubéreuse et chervis hélianthi, mais aussi plus connus comme ail des ours ou cerfeuil tubéreux. On les trouve parfois en jardineries mais surtout chez des producteurs passionnés de légumes anciens.

Il existe deux sortes de légumes perpétuels : les vivaces, rustiques en place durant plusieurs années et les plantes qui ne multiplient pas leurs bulbes, tubercules (capucine tubéreuse, crosnes, ocas, poires de terre, etc.). Dans ce deuxième cas, le jardinier laissera quelques bulbes/tubercules en terre pour perpétuer la culture.

À savoir

Dans un potager perpétuel, on n'utilisera pas le principe de rotation comme dans un potager classique, c'est pourquoi nous vous recommandons de créer votre potager de légumes perpétuels à côté de votre potager traditionnel et/ou non loin de votre habitation, ce qui vous permettra de cueillir facilement au jour le jour selon vos besoins.

Je vous conseille vivement de ne pas les planter trop serrés, de les associer avec des plantes amies et surtout de les pailler. Ayant personnellement 100 m^2 de légumes perpétuels, je ne les ai jamais arrosés.

Lesquels choisir ?

On peut installer ces légumes presque toute l'année. On prépare le sol comme pour des légumes traditionnels en misant sur une fumure de fond plus importante (ils vont rester plus longtemps en place).

Les légumes vivaces restant en place

- Ail rocambole ;
- Ail des ours ;
- Âche des montagnes ou livèche ;
- Artichaut ;
- Cardon ;
- Châtaigne de terre ;
- Chénopode bon-Henri ;
- Chervis ;
- Chou perpétuel d'Aubenton ;
- Cive Saint-Jacques ;
- Crambe maritime ;
- Glycérine tubéreuse ;
- Hémérocalle comestible ;
- Mauve de mauritanie ;
- Mertensia maritima ;
- Oignon rocambole ;

- Petite pimprenelle ;
- Poireau perpétuel ;
- Rhubarbe ;
- Roquette vivace ;
- Rumex patienta (oseille-épinard).

Les légumes vivaces par leurs tubercules

Le jardinier conservera un des bulbes ou tubercules en terre pour perpétuer la culture.

- **L'ail éléphant ;**
- **Capucine tubéreuse ;**
- **Crosnes ;**
- **Oca du Pérou ;**
- **Poire de terre ;**
- **Topinambour et hélianthi.**

- Il est possible de laisser quelques tubercules en terre et de prélever le reste pour la consommation ;
- Une protection de paille agricole, paille de lin ou autre est nécessaire dans les régions froides ;
- Le terrain ne doit pas être trop humide ou inondé même peu de temps ;
- Il est bon de faire de temps en temps une rotation des cultures. On évite ainsi les maladies et insectes nuisibles ;
- Dans tous les cas prévoir un sol bien drainé et suffisamment riche en humus.

DANS CE CHAPITRE

Concevoir sa haie

•

Tailler sa haie

Chapitre 7

La haie, colonne vertébrale du jardin

Traditionnellement, on utilise la haie comme un « mur végétal » qui permet de préserver le cadre intime de la propriété, d'en définir les contours. Le rôle de protection visuelle de la haie peut aussi s'accompagner de multiples fonctions utiles et complémentaires pour votre jardin ! Qu'elle soit installée à la campagne ou en ville, la haie est un élément capital pour maintenir la biodiversité au jardin. Elle accueille les oiseaux, insectes butineurs et même les petits mammifères. Pourquoi ne pas créer une haie qui vous apporte à la fois du bois, des fruits, du plaisir et à la fois un réservoir pour la biodiversité de votre jardin ?

Avantages d'une haie mixte

- Décor changeant toute l'année ;
- Excellente intégration dans l'environnement ;
- Bonne résistance aux maladies et aux parasites ;
- Équilibre écologique entretenu ;
- Entretien facile ;
- Très bon garnissage de la base de la haie.

Tableau 7-1 Liste des arbustes

Espèce	Caractéristique
Cornus sanguinea (Cornouiller sanguin)	Beau feuillage d'automne
Carpinus betulus (Charme commun ou Charmille)	Feuillage lumineux
Ilex aquifolium 'Alaska' (Houx)	Feuillage persistant épineux, fruits rouges
Acer campestre (Érable champêtre)	Feuillage jaune d'or à l'automne
Euonymus europaeus 'Red Cascade' (Fusain d'Europe)	Arbuste aux belles couleurs d'automne et fruits roses
Corylus avellana (Noisetier commun)	Arbuste robuste et rustique
Lonicera kamtschatica 'Blue Velvet' (Baie de Mai)	Floraison blanche, petits fruits bleutés comestibles
Ligustrum japonicum 'Texanum' (Troène du Texas)	Feuillage brillant persistant, vert tendre
Lonicera fragrantissima (Chevrefeuille arbustif)	Arbuste à floraison d'hiver odorante
Acer buergerianum (Érable trident)	Feuillage et fruits décoratifs
Viburnum tinus (Laurier-tin)	Arbuste persistant fleurissant tout l'hiver

Depuis 2003, Le Mur Végétal est spécialiste de la vente en ligne de plantes pour le jardin. Les paysagistes proposent des haies pour toutes les situations et expositions. Du sur-mesure. Pour en savoir plus www.lemurvegetal.com/

Avant de planter votre haie...

Avant de planter une haie en bordure de terrain, il faut effectuer quelques vérifications juridiques. L'une des premières étapes est de se tenir informé d'éventuelles réglementations au sein de la ville / commune où vous désirez planter votre haie. Certaines essences végétales peuvent être interdites dans certaines villes (propagation de maladies, plantes invasives...).

Au sein de votre quartier, certains règlements peuvent aussi s'appliquer. La hauteur des haies est souvent réglementée dans les lotissements par exemple. En l'absence de législation locale, l'article 671 du code civil s'applique.

À défaut de règlement (voir paragraphe précédent), la loi a fixé les distances minimales à respecter, suivant la hauteur définitive des plantations : pour une haie de moins de 2 m de haut, vous pouvez planter jusqu'à 50 cm de la limite de propriété.

Si la haie risque de dépasser 2 m, plantez les végétaux à une distance d'au moins 2 m de la limite de propriété.

Les arbres, arbustes et arbrisseaux de toute espèce peuvent être plantés en espaliers, de chaque côté du mur séparatif, sans que l'on soit tenu d'observer aucune distance, mais ils ne pourront dépasser la crête du mur.

Si le mur n'est pas mitoyen, le propriétaire seul a le droit d'y appuyer les espaliers.

Tailler, la clé du succès

Laissez les jeunes arbustes pousser et grandir est très tentant... Mais pour jouer son rôle à la fois utile et décoratif, votre haie doit être dense et compacte : pour cela, il est essentiel de la tailler. Sans cette étape, votre haie se transformera en un buisson disgracieux, où certaines espèces empêcheront d'autres de pousser : procédez à une taille sévère de vos arbustes les premières années.

Pour une haie libre

(entre 1 et 3 m de hauteur) procédez à une taille très sévère les premières années (hiver), taillez en juin ou en février/mars en adaptant la taille à chaque espèce.

Pour une haie taillée

(1 à 2 m de hauteur) procédez à une taille très sévère les premières années. Ne montez que progressivement votre haie en taillant ses 3 faces, deux fois par an.

Pour une haie brise-vent

(3 à 6 m) conduisez-la comme une haie taillée les premières années. Puis laissez monter en ne taillant plus que les côtés, en hiver ou en fin de printemps.

Les distances d'implantation

La distance d'implantation d'une haie par rapport à la limite de terrain est réglementée en fonction de sa hauteur et se mesure à partir du milieu du tronc.

Plantation de moins de 2 m de hauteur : implantation à 50 cm minimum

Plantation de plus de 2 m de hauteur : implantation à 2 m minimum

DANS CE CHAPITRE

Améliorer sa santé

•

Penser à l'environnement

•

Économiser de l'argent

Chapitre 8

Le potager, la tendance à suivre

Le jardinage amateur en France, c'est :

» Le loisir de 76 % de foyers français

» 15 millions de jardins, vergers ou potagers et 4 millions de jardins d'intérieur sur 23 millions de foyers au total

» 1 350 000 hectares de jardin et 11 160 km^2 de pelouse en France

Mais pourquoi un tel engouement ? 68 % des Français disent le faire par passion, 50 % y trouvent une nouvelle façon de consommer des fruits et des légumes, 28 % aiment son côté « tradi » et 25 % jugent que cela est devenu une nécessité compte tenu du prix des fruits et légumes. Sans oublier que 77 % des Français assurent que cultiver son potager est facile !

Vous allez me dire : et ceux qui n'en ont pas, qu'en pensent-ils ? Eh bien, figurez-vous qu'une grande partie d'entre eux en rêve ! En effet, selon l'étude CSA-UPJ, 13 % des Français ne possédant pas de verger ou de potager cultivent leurs légumes ou leurs herbes aromatiques sur leur balcon ou leur terrasse.

Vu ces résultats, nous pouvons bel et bien parler d'un véritable phénomène de société ! Alors, prêts à sortir vos bêches et vos composteurs ?

Pourquoi se mettre au potager

C'est une évidence : quand les temps sont durs, les gens retrouvent le potager. C'est arrivé pendant la crise de 1929, pendant la guerre et, dans les années 1970, lors de la crise pétrolière qui a provoqué une augmentation des prix de toutes les denrées alimentaires. Aujourd'hui, on se soucie de plus en plus de sécurité alimentaire, de réchauffement climatique, d'empreinte carbone et de pollution ; et l'on a de plus en plus le désir de se lier à notre mère la Terre et à nos voisins : le potager est une solution simple et élégante.

Il n'est même pas nécessaire d'avoir un terrain. On fait pousser des légumes en pot sur sa terrasse et son balcon, dans des jardins ouvriers, des écoles, des maisons de retraite et même dans son jardinet de banlieue, que tout le monde peut voir.

Améliorer sa santé

Nous savons tous que l'on est censé manger au moins cinq fruits et légumes par jour ! Beaucoup de légumes sont riches en vitamines A et C, en fibres, en eau et en sels minéraux tels que le potassium. De plus en plus de recherches prouvent que manger des fruits et des légumes frais n'apporte pas seulement à l'organisme les nutriments et les vitamines dont il a besoin pour fonctionner convenablement, mais elles confirment aussi que beaucoup de fruits et légumes sont riches en antioxydants et en composés organiques qui aident le corps à lutter contre la maladie.

Dans l'absolu, il est bon de manger des fruits et des légumes ; mais la qualité des produits disponibles en supermarché est de plus en plus douteuse. Entre la salmonelle et l'*Escherichia coli*, chaque année connaît des alertes. Certaines personnes se méfient également des pesticides. La meilleure façon de manger des produits sans contamination biologique ou chimique n'est-elle pas de les produire soi-même ? Vous seul savez exactement ce que vous y mettez.

Les aliments les plus atteints par les pesticides dans le commerce

- les céleris branches (84,6 %) ;
- les herbes fraîches, sauf persil, ciboulette, basilic (74,5 %) ;
- les endives (72,7 %) ;
- le céleri-rave (71,7 %) ;
- les laitues (65,8 %).

Source : Générations Futures

Économiser de l'argent

On économise un argent fou en produisant soi-même ses légumes et ses fruits : des centaines d'euros ! En investissant au printemps quelques euros en graines, en plants et en fournitures diverses, vous produirez tout l'été des kilos et des kilos de légumes. Au lieu de vous rendre au supermarché pour les acheter, vous n'aurez qu'à les ramasser chez vous. C'est votre rayon personnel de fruits et légumes, sans caissière en embuscade.

Un potager de 50 m² avec un investissement initial de 45 euros vous permettra de récolter 175 kg de légumes. Si vous aviez acheté ceux-ci au supermarché, cela vous aurait coûté plus de 450 euros. En plus vous maîtrisez les déchets qui iront au composteur : vous être sûr de ne pas le contaminer avec des pesticides.

À savoir

Jardin rime avec forme et activité physique. Savez-vous qu'en bêchant votre jardin pendant 1 heure vous dépensez 500 calories ? Qu'en entretenant vos protégées (désherbage, sarclage...) vous brûlez 200 calories par heure ? Sans compter que les gestes du jardinage, lorsqu'ils sont faits correctement, vous permettent de tonifier l'ensemble de votre corps !

Améliorer l'environnement

Les tomates, salades et melons que vous achetez au supermarché coûtent plus que leur prix de revient à la production. En moyenne, le produit moyen parcourt plusieurs centaines de kilomètres entre le lieu de production et le lieu d'achat par le client final. Et ceci uniquement pour les produits français. De plus en plus, on fait venir les produits de très loin, du Kenya, du Chili... Le carburant brûlé pour transporter ces légumes aggrave la pollution de l'air et le réchauffement climatique. Donc, d'un point de vue mondial, les produits de votre potager réduisent votre empreinte sur la planète.

En outre, en produisant vos propres légumes, fruits et fines herbes, vous réduisez aussi la pollution créée par l'agriculture (67 %). Les exploitations à grande échelle tendent à utiliser beaucoup d'engrais, de pesticides et de désherbants. Malheureusement, ces produits chimiques sont source de pollution et leur fabrication elle-même utilise des combustibles fossiles. En devenant producteur, vous n'utilisez plus de produits chimiques et vous recyclez.

Améliorer sa qualité de vie et celle des autres

Le jardinage est une excellente détente après une journée de dur travail. On éprouve beaucoup de plaisir et de satisfaction à circuler dans son jardin et son potager, en croquant un haricot ici, une tomate cerise là, à enlever quelques mauvaises herbes, à arroser et à goûter les fruits de son travail. C'est une satisfaction simple et immédiate dans un monde de plus en plus compliqué. La Covid 19 a conduit de nombreux urbains à investir à la campagne.

En outre, si vous jardinez en compagnie d'autres personnes comme dans un jardin ouvrier ou communal, vous créez des amitiés et des liens avec vos voisins. D'après une enquête de la NGA (National Gardening Association), il existe aux États-Unis plus d'un million de potagers communautaires. Ces jardins permettent souvent un embellissement du cadre, une amélioration des connaissances et la création de projets de développement. En semant dans leur jardin, les personnes commencent à s'y intéresser davantage et à se soucier de la beauté de leur cadre de vie. Souvent, on constate une diminution de la criminalité, des graffitis et du vandalisme lorsque se crée un jardin ou un potager où les uns et les autres se retrouvent.

Et pourtant, quand on y réfléchit, il ne s'agit que de faire pousser quelques plantes. Pour vous informer davantage sur la création de jardins communautaires ou pour en trouver dans votre région, contactez la Fédération nationale des jardins familiaux et collectifs de France. C'est un réseau de solidarité pour la représentation, la défense et le développement des jardins familiaux auprès des pouvoirs publics : en liaison permanente avec le ministère de l'Agriculture et de la Pêche, et avec d'autres ministères, notamment celui de la Ville, la FNJFC travaille à l'amélioration des lois et règlements concernant la protection des jardins familiaux. Pour en savoir plus : www.jardins-familiaux.asso.fr.

Partie 3

Zéro phyto

Dans cette partie...

Nous verrons qu'il peut être tentant d'acheter le premier désherbant venu pour se débarrasser d'un indésirable ou le premier insecticide bien polluant pour éviter que des petites bêtes ne tournent autour de nos chères plantations. Mais ces gestes qui vous semblent anodins ont en réalité un impact très négatif sur la nature, sur votre jardin et sur votre santé.

Il existe pourtant des remèdes plus naturels pour faire face aux maladies et aux attaques d'insectes : en vous reposant sur les plantes qui vous entourent, vous aurez sûrement de quoi préparer des purins, des infusions, qui seront vos alliés au jardin. Les huiles essentielles et les insectes auxiliaires seront également de votre côté si vous faites appel à eux.

Cette partie vous rappellera également qu'un jardin demande du temps, de l'attention et de l'entretien pour perdurer et rester en bonne santé.

DANS CE CHAPITRE

Les atouts et bienfaits

•

Trouver la recette adaptée

Chapitre 9

Les purins

Véritables concentrés nutritifs, les purins constituent le meilleur stimulant naturel du jardin.

Les extraits de plantes repoussent les insectes et les acariens grâce à leur teneur en composés odorants. De plus, ils agissent comme des vaccins végétaux en rendant les plantes plus résistantes aux agressions : c'est ce qu'on appelle l'effet « éliciteur ». Un effet qui stimule et permet à la plante d'activer ses mécanismes de défense même en l'absence d'agents pathogènes.

À savoir

Les purins que l'on peut réaliser soi-même ou acheter en préparations commerciales n'ont en général qu'un rôle préventif et ne peuvent traiter la maladie lorsqu'elle est installée.

Les purins et leurs nombreux atouts

Les purins peuvent être mis en œuvre en tant que stimulateur de croissance, en tant que produit de traitement préventif et curatif. Ils ont juste à être dilués avec de l'eau de pluie si possible. On peut les utiliser en arrosage ou pulvérisations foliaires.

Pour les purins, la méthode est simple : une fois par saison, on bourre une poubelle avec la plante et on remplit d'eau à ras bord. Puis on laisse à l'ombre, en brassant de temps en temps. Quand il n'y a plus de bulles, on retire la plante, et on réalise sa dilution.

Les purins de plantes sont naturels. Ils sont sans risque pour l'homme et la plupart des animaux, notamment les auxiliaires de cultures. Attention toutefois, comme avec tous les produits de traitement, il est nécessaire de bien respecter les dosages et dilutions afin d'éviter tout effet nocif. Pour éviter une accoutumance pour les insecticides par exemple, n'hésitez pas à varier les traitements.

Différentes sortes de purins

Le purin de rhubarbe

- Lutte contre la teigne du poireau ;
- Excellent répulsif contre les pucerons ;
- Il offre l'avantage d'être réalisé en 24 h seulement. Faire macérer 1 à 1,5 kg de feuilles de rhubarbe dans 10 litres d'eau pendant 72 heures environ ;
- Filtrer afin de ne garder que le liquide ;
- Pulvériser à l'aide d'un pulvérisateur.

Le purin d'ortie

Le purin d'ortie est riche en azote, sels minéraux, oligoéléments, ce qui en fait un excellent stimulant pour les rempotages ou transplantation de jeunes plants au printemps et idéal pour renforcer les légumes au potager.

- Dilué à 5 % en traitement foliaire contre des maladies cryptogamiques ;
- Dilué à 10 %, il stimule les plantes affaiblies et les jeunes plants de légumes.

Le purin de consoude

Riche en potasse, phosphore et calcium, le purin de consoude est un excellent stimulant de printemps pour les semis et plantations.

- Dilué à 5 % en traitement foliaire des plantes en végétation ;
- Dilué à 10 % en arrosage stimule les fruits et légumes ;
- Dilué à 30 % en arrosage, il accélère le démarrage de la végétation, favorise le repiquage des jeunes plantules.

Le purin de prêle

Le purin de prêle est un stimulant pour toutes les plantes. Il contient de la silice, de la potasse et du calcium, divers sels minéraux.

Utilisation :

» Dilué à 5 % pour renforcer les jeunes plants au printemps ;

» Dilué à 10 % il agit en préventif contre l'oïdium, le mildiou, la tavelure et la cloque du pêcher ;

» Attention à appliquer dès les premières attaques sinon inefficaces ;

» Dilué à 20 % en arrosage, contre la chlorose en fer ;

» Dilué à 20 % et pulvérisé sur le sol, il stimule de nombreuses plantes. C'est un excellent reminéralisant pour la gente humaine.

Le purin de fougère

Le purin de fougère est un insecticide et insectifuge naturel mais aussi un fertilisant grâce à sa teneur en phosphore.

Utilisation :

» Dilué à 5 % il vous permettra de lutter contre les pucerons ;

» Dilué à 10 % en arrosage au pied des légumes et des petits fruits en pour les fertiliser ;

» Dilué à 20 % en arrosage sur le sol avant les repiquages pour lutter contre le taupin ;

» À utiliser d'avril-mai à septembre en fertilisation tous les 15 jours et en pulvérisation au besoin.

DANS CE CHAPITRE

Favoriser les insectes auxiliaires

•

Construire des abris

•

Un hôtel à insecte à faire soi-même

Chapitre 10
Les insectes

Parmi les ravageurs, les insectes constituent l'armée la plus nombreuse. On trouvera ci-dessous la liste des insectes ravageurs les plus courants, ainsi que la meilleure façon de les tenir en respect. Si vous avez du mal à identifier vos ravageurs et les autres problèmes de vos plantes, rendez-vous dans une grande jardinerie : il s'y trouve des ouvrages de référence que vous pouvez feuilleter, ainsi que des personnes qui ont l'expérience de la région. Vous pouvez également vous rendre dans des jardins botaniques, consulter des ouvrages en bibliothèque, des sites Internet...

Les insectes bénéfiques de votre jardin

Dans la nature, tout est à sa place. Sauf quand l'homme intervient, dans le cas des cultures non adaptées à la région, ou lors d'un « sur-travail » du sol. La plupart des jardins sont peuplés par un nombre énorme d'insectes dont la majorité sont de véritables anges gardien de nos cultures et de nos potagers. Ils sont engagés dans une lutte constante contre les méchants insectes qui endommagent vos plantes. Ma philosophie avec les insectes c'est de favoriser la diversité biologique : la présence de certains ravageurs est nécessaire.

Il s'agit de gérer ce cheptel et non de l'éradiquer de la surface de votre jardin. On les garde de façon raisonnable, on les empêche de pulluler jusqu'à un niveau où ils deviennent vraiment nuisibles.

Favoriser les insectes auxiliaires

Astuces

Les insectes auxiliaires sont malins : ils séjournent dans les jardins qui leur offrent le menu le plus varié et le plus fiable. C'est pourquoi il est inutile de vouloir exterminer jusqu'au dernier les petits ravageurs de vos jardins ou de votre potager. Pour cela :

» Proscrivez l'utilisation des pesticides universels, chimiques (sur Internet) ou biologiques qui tuent tous les gentils et les méchants. Pulvérisez un produit qui vise spécifiquement la nuisance que vous voulez éliminer et qui soit sans effet sur les insectes bénéfiques ;

» Que votre jardin soit un modèle de variété : ayez des plantes, de toutes les sortes et de toutes les tailles, et notamment des fleurs et des fines herbes. Vous offrez à vos insectes amis des lieux pour se cacher et se reproduire. Un jardin varié constitue également une source de nourriture alternative car beaucoup d'insectes auxiliaires aiment le pollen et le nectar des fleurs comme par exemple la carotte (sauvage ou pas), le persil en fleur, l'alysse, l'aneth, le fenouil, l'achillée, l'ortie, le séneçon, l'ortie et la molène ;

» Offrez un habitat diversifié aux insectes. Installez une petite pataugeoire pour les oiseaux, à proximité de buissons vivaces et caducs. Ces éléments fournissent de l'eau et des cachettes aux insectes utiles. Vous augmenterez leur chance de séjourner sur votre terrain pour s'empiffrer d'insectes nuisibles.

Ils ne seront pas forcément présents dans votre jardin : vous pourrez les acheter ou les attirer en leur fabriquant des abris adaptés. Voici une liste d'insectes peu coûteux qui seront vos fidèles alliés, ainsi que les habitats qui leur correspondent.

La chrysope verte

C'est un des insectes les plus efficaces au jardin et au potager ; ses larves voraces dévorent pucerons, mites, thrips et œufs de nombreux insectes. On les lâche au jardin à la fin du printemps une fois que tout risque de gel est écarté.

La coccinelle

L'adulte et la larve se repaissent de petits insectes tels les pucerons et les mites. Hélas l'introduction de coccinelles adultes n'est pas toujours très efficace car la nature a programmé ces petites bêtes pour se déplacer sans cesse. Misez plutôt sur les larves que vous préachèterez en jardinerie sous forme de bandelettes à coller sur vos plantes. Chaque larve peut ingurgiter plus d'une centaine de pucerons chaque jour.

Les coccinelles se réfugient dans les interstices ; pour leur fabriquer un abri, placez, dans une boîte, des planchettes légèrement espacées.

Les araignées

Elles nous effrayent et, pourtant, grâce à leur toile tendue, elles peuvent capturer de nombreux prédateurs de nos cultures. Elles se repaissent de piérides, de mouches, de moustiques, etc.

Le nématode parasite

Ce ver microscopique parasite des tas d'insectes plus ou moins fouisseurs, dont la chenille des noctuelles et la larve du scarabée japonais. Comme les larves aiment le gazon, il faut également répandre les vers sur votre pelouse et pas seulement à la base de vos plantations. Mélangez vos nématodes avec de l'eau et pulvérisez-les sur le sol, à la base de vos plants, au printemps et à l'automne.

Les abeilles et autres pollinisateurs

Ces butineurs sont indispensables dans votre jardin, ils assurent la continuité des espèces végétales dans le monde et dans votre jardin. Si vous avez l'occasion d'installer une ruche dans votre jardin, vous augmentez vos récoltes de 10 à 20 % dans votre potager.

Pour leur fabriquer vous-même un abri, vous pouvez attacher ensemble des bouts de bois creux ; ou percer des gros trous dans une bûche. Les abeilles viendront y pondre.

Les carabes

Ils sont très gourmands en gastéropodes de tout genre : escargots et limaces, mais aussi de pucerons. On les retrouve dans les déchets de végétaux, les paillis et les composts. Ils font partie de la grande famille des coléoptères.

Pour leur faire un abri vous-même, faites des fagots avec des branchages ou des brindilles que l'on dispose soit dans une caisse, soit dans un pot de fleur, posé face contre le sol.

Un abri pour carabes

Les mites prédatrices

Un acarien, insecte nuisible

Ce type de mite se nourrit d'acariens et d'autres petits ravageurs. Ajoutez ces mites dans votre jardin au printemps dès que le danger de gel est écarté.

Le trichogramme

Cette minuscules guêpe, inoffensive pour l'homme, attaque les œufs, les larves et les chenilles des papillons de jour comme de nuit. Lâchez ces dociles serviteurs dans vos jardins ou potagers quand la température de l'air dépasse 21 °C.

Les cétoines

La cétoine est signe de bonne santé de votre jardin. C'est un insecte superbe, irisé, ses larves se nourrissent de déchets végétaux. On les rencontre souvent près des composts.

Les perce-oreilles

Longtemps considéré comme nuisible, le perce-oreille a un rôle d'auxiliaire au jardin : il s'attaque aux acariens, aux pucerons et aux thrips. Pour l'accueillir comme il se doit, vous pouvez remplir un pot de fleur avec de la paille, le lier avec du raphia et l'attacher en hauteur, ouverture du pot vers le sol.

Le grillage retient la paille

Figure 10-1

Un hôtel à insectes à réaliser soi-même

1. Paille : attire les chrysopes
2. Tiges de bambous : hébergent les abeilles solitaires
3. Pots de fleurs retournés et remplis de foin : pour les perce-oreilles
4. Plaques en métal ou en bois, percées, où viendront se loger des insectes xylophages
5. Bûches percées : pour les abeilles et guêpes solitaires
6. Fagots de tiges à moelle (ronce, rosier, sureau,) pour les syrphes et autres hyménoptères
7. Briques : pour les abeilles solitaires
8. Planchettes légèrement espacées pour les coccinelles

Fabriquer son hôtel à insectes

Construire un hôtel à insectes est assez facile et amusant. Vous n'êtes pas obligé de construire un hôtel à insectes 5 étoiles : avec des matériaux de récupération, vous pouvez créer des chambres spécifiques pour vos protégés (attention toutefois à ne pas utiliser de bois traité).

Pour la tranquillité des occupants, installez votre hôtel à insectes dans un endroit calme et reculé du jardin et ensoleillé. Protégez-les de la pluie ou des vents forts. Orientez « l'entrée » au sud ou au sud-est afin que les insectes profitent des rayons du soleil. Positionnez-le à 30 cm du sol ou accrochez-le sur un arbre pour le protéger de l'humidité du sol.

Vous pouvez également planter des fleurs mellifères et des plantes « hôtes » près de votre hôtel à insectes pour favoriser l'installation de ces derniers.

DANS CE CHAPITRE

Reconnaître et surveiller les maladies

Utiliser les huiles essentielles

Traiter les plantes avec des infusions

Chapitre 11

Lutter contre les maladies

La lutte contre les maladies est plus délicate que contre les insectes : on combat ces derniers quand on les voit. Avec les maladies en revanche, il faut attendre d'observer des symptômes, et quand ces derniers deviennent visibles, il est souvent bien tard pour empêcher la maladie de s'étendre.

Pour limiter l'attaque de certaines maladies, évitez de fragiliser vos plantes par un manque d'eau, une exposition mal adaptée ou un sol hostile. En choisissant vos végétaux, veillez à identifier votre type de sol (acide, calcaire, drainé, humide, etc.), et méfiez-vous du coup de cœur qui vous fera choisir une plante méditerranéenne dans une région trop froide, ou un cerisier dans un sol trop humide.

Quelques bonnes habitudes contre les maladies

» Dès que vous identifiez un plant touché par des symptômes graves, arrachez-le ou coupez les parties atteintes sans oublier de ramasser les feuilles mortes : cela vous évitera de voir la maladie s'étendre ;

» Évitez l'arrosage par aspersion. Celui-ci favorise les maladies du feuillage. Si vous ne pouvez faire autrement, arrosez de bon matin afin que les plants soient secs avant l'arrivée de la nuit. L'arrosage au goutte-à-goutte ou par rigoles contribue à garder le feuillage sec ;

» Espacez judicieusement vos plantes. L'entassement des végétaux et des plants de légumes réduit la libre circulation de l'air, ce qui favorise les maladies et contribue à la contagion. Surveillez régulièrement vos plants ;

» Gardez votre potager propre et net. Beaucoup de maladies se disséminent par les déchets végétaux ; ratissez les feuilles mortes, ôtez les plants morts. Nettoyez autour des pots et jardinières. L'élimination des feuilles malades peut ralentir la dissémination de certains organismes ;

» Paillez vos massifs et votre potager. Un bon paillis est une barrière physique qui garde les spores des maladies dans le sol et en protège les plantes ;

» Pratiquez la rotation des cultures. En plantant le même légume au même endroit chaque année, vous créez une véritable pépinière de maladies.

Surveillance des maladies courantes

Voici comment prévenir, identifier et soigner quelques maladies courantes des végétaux.

La fonte des semis

Cette maladie attaque la base des tiges des jeunes plants qui dépérissent et tombent.

La fonte des semis est causée par un champignon qui se développe grâce à l'humidité. Pour prévenir son apparition, évitez donc de trop arroser ; pour éviter sa propagation, espacez les semis.

L'oïdium

Ce champignon couvre d'une poudre blanche les feuilles et les fleurs. Il se manifeste surtout quand les journées sont chaudes et les nuits fraîches. La lutte contre l'oïdium est difficile mais il existe des variétés résistantes (la tomate 'Maestria' F1, le concombre 'Rocky' (r) F1, le melon 'Cyrano' F1, la laitue batavia 'Frantic' par exemple). Ce qui arrange tout, c'est quand le temps change.

Quelques remèdes

- Mélangez 1 c.à s. d'huile minérale (horticole), 1 ou 2 c.à c. de bicarbonate de soude et 4 l d'eau. Pulvérisez le mélange régulièrement pour protéger les jeunes feuilles ;
- Il existe des préparations à l'huile de neem, spécialement prévues pour les légumes ;
- Traitement au bicarbonate de soude : son pH basique empêche la formation des spores des champignons responsables de la maladie ;
- Traitement au permanganate de potassium : diluez 1,5 g dans 1 l d'eau et pulvérisez sur le feuillage ;
- Traitement au soufre : employé depuis un siècle et demi sur la vigne, le soufre est un produit reconnu par l'agriculture biologique. Totalement biodégradable, il peut être utilisé très près de la récolte ;
- Pulvérisez de l'eau de Javel de façon préventive au début de l'hiver. Diluez 25 ml d'eau de Javel dans 1 l d'eau et pulvérisez directement sur le sol. Lorsque la maladie s'est déclarée, pulvérisez sur les feuilles et sur le sol la même solution. Le chlore n'a que peu d'impact sur l'environnement et se détruit rapidement.

La pourriture des racines

Un certain nombre de champignons vivant dans le sol affligent plusieurs plantes du même mal, que le sol soit humide ou pas. C'est une affection mortelle pour les laitues. La meilleure prévention consiste à favoriser un bon drainage du sol et à éviter de trop arroser : mieux vaut laisser le sol sécher partiellement avant d'arroser derechef. Faute de quoi, il ne reste plus qu'à arracher les plants morts.

Le sclerotium rolfsii

C'est un champignon qui attaque le maïs en faisant pourrir la base de la tige. Le plant dépérit, jaunit et meurt. Cette maladie est, hélas, difficile à combattre. Mieux vaut pratiquer chaque année une rotation des cultures, détruire tous les plants malades et labourer à l'automne.

Les virus

Les maladies causées par les virus affectent de nombreux légumes : les feuilles et les fruits deviennent difformes avec des mouchetures jaunes. Les plants sont rabougris et meurent jeunes, souvent sans produire de fruits utilisables. Les virus sont parfois spécifiques d'un type précis de plantes et sont disséminés par les insectes.

Les pesticides qui tuent les champignons s'appellent des fongicides et ce sont les pires de tous. Il peut toujours arriver que vous ayez une pathologie grave sur une culture à laquelle vous tenez par-dessus tout, alors voici une liste des fongicides les moins dangereux (tout est relatif) :

- Certains fongicides d'origine minérale (tels le cuivre ou le soufre pour le mildiou) sont moins toxiques, mais ils doivent néanmoins être utilisés avec modération. Comme ils sont surtout efficaces en prévention, il faut les appliquer de bonne heure. Attention de ne pas en abuser car ils ont un effet nocif sur les vers de terre ;
- L'huile de neem s'est révélée efficace contre les champignons, c'est donc une solution de plus. Comme beaucoup de fongicides, mieux vaut l'utiliser en prévention ou quand l'infection vient juste de démarrer ;
- Bacillus subtilis est un nouveau fongicide biologique qui attaque de nombreux champignons, notamment le mildiou. C'est une bactérie inoffensive pour les abeilles, les oiseaux, les animaux sauvages et les insectes auxiliaires. Comme pour tout pesticide, suivez à la lettre les instructions de l'étiquette ;
- Les huiles essentielles.

Les huiles essentielles

L'utilisation des huiles essentielles est de plus en plus fréquente pour prévenir ou soulager les maux du quotidien, mais saviez-vous qu'elles peuvent également être miraculeuses au jardin ? L'un des gros avantages à utiliser des huiles essentielles plutôt que des produits de synthèse est que leur production est moins polluante, elle ne requiert pas de synthèse chimique complexe à base de pétrole. Attention : portez toujours un masque, des gants et des lunettes pour se protéger des projections.

Avec l'interdiction des produits phytosanitaires dans les jardins en 2019, les huiles essentielles se révèlent être d'excellents fongicides. Il est cependant conseillé de les réserver à des cas difficiles et tenaces. D'autres méthodes naturelles douces doivent être testées au préalable, comme le savon noir, les purins et infusions de plantes, excepté pour la lutte contre les insectes xylophages où les huiles essentielles de camphre, d'ail, de Rue officinale ou de piment de Jamaïque peuvent être utilisées d'emblée.

Attention

Les huiles essentielles sont très concentrées en principes actifs et peuvent avoir une toxicité élevée et fatiguer la plante traitée si elles ne sont pas utilisées avec précaution.

Comment les utiliser ?

Quelle que soit votre méthode, le mode d'application le plus courant est la pulvérisation sur le feuillage des plantes d'intérieur, du potager, du jardin, des arbres du verger ou des fleurs, à raison d'une à deux fois par semaine. Évitez de pulvériser les jours de pluie, ne traitez jamais en plein soleil. Traitez le matin ou tard le soir, dans les 24 h qui suivent l'invasion, ou, en prévention, avant et après floraison à raison de deux fois par semaine.

Certains cas nécessiteront l'application d'un badigeon ou une légère friction avec un coton neutre ; formulez alors un mélange de kaolin et de poudre de basalte avec des huiles essentielles à choisir en fonction du problème à traiter.

Avec de l'eau

Toujours utiliser de l'eau de pluie propre ou filtrée. La dose couramment utilisée est de 10 à 25 gouttes par litre d'eau. Pour que les huiles essentielles se diluent bien dans l'eau, vous pouvez au préalable les mélanger dans un peu de savon noir (qui possède également des propriétés insecticides) ou de liquide vaisselle bio.

Avec du lait d'argile

Pour favoriser la diffusion et l'adhérence des huiles essentielles sur la plante ou sur des écorces, vous pouvez préparer un lait d'argile. Diluez une cuillère à café d'argile surfine (verte ou blanche) dans 1 l d'eau de pluie. Attention à ne pas utiliser d'ustensiles en métal lorsque vous travaillez avec l'argile : privilégiez le bois, le plastique ou le verre.

Les huiles essentielles insecticides

Certaines huiles essentielles ont une action insecticide mais elles peuvent aussi être associées selon les insectes dont vous voulez vous débarrasser :

Figure 11-1

Détecter la présence de pucerons

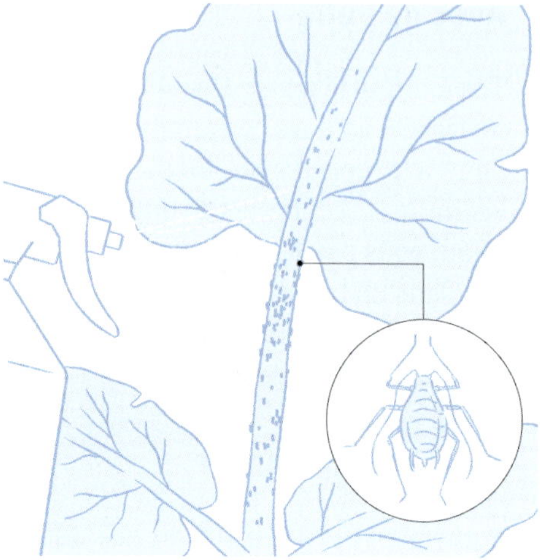

Contre les pucerons et les cochenilles

Mélangez 5 gouttes d'huile essentielle de petit grain bigarade, 5 gouttes d'huile essentielle de menthe poivrée, 10 gouttes d'huile essentielle de géranium rosat, 20 gouttes d'huile alimentaire (colza, tournesol, olive...) et 10 gouttes de savon noir.

» Pucerons : ail, géranium rosat, lavande aspic, menthe poivrée, piment de Jamaïque, rue officinale, sauge officinale ;

» Chenilles : ail, menthe poivrée, sauge officinale ;

» Cochenilles : géranium rosat, piment de Jamaïque ;

» Insectes xylophages : ail, camphre, piment de Jamaïque, rue officinale ;

» Aleurodes : géranium rosat ;

» Les pucerons duveteux : patchouli, pin, bois de santal ;

» Les pucerons cendrés : hysope, menthe poivrée ;

» Les pucerons verts et la mouche noire : lavande ;

» Le dendroctonus du haricot et la mouche du chou : thym ;

» La mouche blanche : lavande, sauge ;

» La mouche de la carotte : romarin ;

» Les moucherons : citronnelle, patchouli ;

» Les nématodes : citronnelle, sauge ;

» Les mites : citronnelle, hysope, lavande, menthe poivrée ;

» Les moustiques : citronnelle, menthe poivrée, sauge, thym, coriandre ;

» Les tiques : citronnelle, menthe poivrée, sauge, thym.

Contre les maladies cryptogamiques

» Mildiou : origan, sarriette, serpolet ;

» Oïdium : ail, serpolet ;

» Fumagine : origan ;

» Chancres : serpolet, sarriette ;

» Cloque du pêcher : sarriette ;

» Rouille : tanaisie.

Un citronnier atteint par le chancre

Contre la cloque du pêcher

Mélangez 10 ml d'huile essentielle de sarriette, 5 ml de thym, une cuillère à soupe de savon noir, une cuillère à soupe d'huile végétale et 3 l d'eau. À pulvériser en prévention.

Pour éloigner les fourmis

Déposez deux gouttes d'huile essentielle de clou de girofle sur un coton à déposer dans les zones de prédilection des fourmis ou proches des plantes à protéger.

Ou en pulvérisation, huile essentielle de citronnelle et de menthe poivrée.

Contre les animaux

Les huiles essentielles d'ail, de cèdre, de patchouli et de pin sont efficaces contre les escargots. Contre les limaces, privilégiez les huiles essentielles de cèdre, d'hysope et de pin.

Associations d'huiles essentielles et de plantes

Certaines plantes dégagent naturellement des essences dans le jardin et font profiter leurs voisines de leurs bienfaits. Les huiles essentielles pourront jouer le même rôle et seront plus pratiques, surtout si le jardin est petit.

La méthode est simple : 5 à 8 gouttes d'huile essentielle à diluer dans 3 litres d'eau (ou lait d'argile) pour l'arrosage des végétaux.

Exemple d'huiles essentielles compagnes qui favorisent la croissance de certaines plantes :

- HE de basilic pour les tomates, asperges, brocolis, pommes de terre ;
- HE de sauge pour les carottes, pommes de terre, choux, concombres ;
- HE de thym pour les choux, choux-fleurs, brocolis ;
- HE de sarriette pour les oignons, haricots, maïs ;
- HE de marjolaine des jardins pour les betteraves, haricots ;
- HE de menthe poivrée pour les choux ;
- HE de lavande vraie (fine) pour les haricots ;
- HE de carotte sauvage et de géranium bourbon pour les petits pois, laitues.

Traiter les plantes avec des infusions

Les plantes regorgent de principes actifs capables de nous soigner mais aussi de prévenir certaines de nos petites maladies. Il en va de même pour nos plantes. Nous utilisons une foultitude d'infusions pour un petit rhume, pour mieux digérer. Il suffit de faire pareil pour nos protégées : certaines plantes sont capables de renforcer les défenses naturelles d'autres plantes, et même de protéger les plantes des gels tardifs ou précoces.

Recette générale

» Hachez les plantes : vous aurez besoin de 1 kg de feuilles fraîches ou 100 g de feuilles sèches ;

» Jetez-les dans 1 l d'eau frémissante et couvrir ;

» Laissez infuser à feu moyen pendant quelques minutes ;

» Retirez du feu et laissez encore infuser jusqu'à refroidissement.

Vous pouvez stocker votre préparation filtrée quelques jours au réfrigérateur avant de l'utiliser.

Infusion d'ortie

L'ortie est un bon répulsif à utiliser en traitement ou en prévention contre les acariens et les pucerons. Vous pouvez l'utiliser sur tous les végétaux et les arbres fruitiers. Diluez l'infusion dans 9 l d'eau et pulvérisez.

Infusion de tanaisie

La tanaisie est un répulsif à utiliser en traitement ou en prévention contre les acariens, les mouches, les fourmis et les pucerons. Vous pouvez l'utiliser sur les plants de carottes, de navets, les choux et les arbres. N'utilisez que 30 g de fleurs séchées pour 1 l d'eau, à pulvériser pur.

Utiliser les plantes sèches

Broyez finement des feuilles sèches d'ortie, de consoude et de prêle. Au moment de la plantation des pommes de terre ou des plants de tomates, saupoudrez deux cuillères à soupe de ce mélange dans le trou de plantation. Cela contribuera à un démarrage harmonieux de la végétation et renforcera la résistance des plantes tout au long de la culture.

La macération

La macération est une technique moins longue de fermentation que le purin. Elle détient des propriétés fongicides et insecticides. Entre autres, certaines macérations permettent de lutter contre les champignons parasites, les acariens ou encore les doryphores.

Comment la fabriquer ?

Trempez des morceaux de plantes dans de l'eau froide entre 15 °C et 20 °C durant une journée maximum. La préparation doit ensuite être pressée pour séparer le liquide du solide. Pulvérisez ou arrosez.

Fongicide et insecticide

Macération d'ail à pulvériser le soir sur les plantes, diluée au 1/20 :

- 100 g d'ail entier, haché ;
- 2 cuillères à soupe d'huile d'olive ;
- Laissez macérer 12 heures à couvert ;
- Filtrez en pressant la macération dans un entonnoir tout en y versant 1 l d'eau.

La décoction

Cette technique permet d'extraire les principes actifs des plantes les plus coriaces. Une pulvérisation de décoction a le plus souvent un rôle de renforcement des défenses naturelles des plantes.

Comment la fabriquer ?

Faites bouillir les plantes quelques minutes, puis laissez refroidir le tout sous couvercle. Vous devez ensuite filtrer la préparation et ne conserver que le liquide. Il peut se conserver quelques jours mais la solution sera plus efficace si elle est utilisée rapidement.

Décoction de consoude

Efficace contre les mouches blanches (aleurodes) et les pucerons. Laissez bouillir les feuilles en morceaux 5 minutes et pulvérisez, le soir, la décoction diluée au 1/5.

Décoction de prêle

Efficace contre l'oïdium, le mildiou, la rouille, le botrytis et pour le renforcement des défenses naturelles de la plante. Laissez bouillir 500 g de plante sèche dans 5 l d'eau pendant 30 minutes. Laissez infuser une nuit. Pulvérisez sur les feuilles, le soir, et/ou arrosez.

DANS CE CHAPITRE

Prévenir avant de guérir

Désherber au naturel

Choisir des engrais verts

Chapitre 12

La guerre aux mauvaises herbes

Une mauvaise herbe est une plante qui pousse là où l'on ne veut pas d'elle. Certaines sont pires que d'autres mais, d'une façon générale, on ne veut pas de mauvaises herbes au potager car elles sont en concurrence avec les légumes pour la lumière, l'eau et les nutriments. Si l'on a beaucoup de mauvaises herbes, on obtient des plants chétifs et une récolte médiocre.

Le secret pour lutter contre les mauvaises herbes est de s'en débarrasser de bonne heure avant qu'elles ne soient solidement installées. Tant qu'elles sont jeunes, les mauvaises herbes sont faciles à arracher et à biner à la main. Moins on utilise des « produits issus de la chimie » mieux le jardinier s'en portera.

La frappe préventive

On peut en finir avec les mauvaises herbes de plusieurs façons ; il y a d'abord ce qu'il faut faire avant les semis :

» Faites germer à l'avance les mauvaises herbes. Si on oblige les mauvaises herbes à germer longtemps avant les légumes, on peut en quelque sorte les tuer dans l'œuf. Voici comment s'y prendre :

- Préparez la plate-bande plusieurs semaines avant le semis ;
- Arrosez méthodiquement et attendez quelques jours. Les jeunes mauvaises herbes s'empressent de pousser ;
- Tuez les mauvaises herbes. Il y a 2 façons de les exterminer : on peut les arracher à la main ou bien passer un coup de râteau afin de déraciner les jeunes plants, et les laisser sécher sur place.

» Néanmoins, au moment de vous débarrasser des jeunes plants, ne remuez pas trop le sol car cela amènerait à la surface de nouvelles graines ;

» Faites-les mourir d'insolation. Cela consiste à utiliser l'énergie solaire pour cuire les mauvaises herbes. Cette technique fonctionne surtout au plus fort de l'été, notamment dans les régions les plus torrides. Le seul inconvénient de cette technique, c'est qu'elle est lente. Voici les étapes à suivre :

- Préparez le sol comme pour un semis, et arrosez-le généreusement ;
- Creusez tout autour de la planche une rigole profonde de 15 à 30 cm ;
- Couvrez la totalité de la planche avec du plastique transparent ou du plastique noir réutilisable et recyclable et bloquez les bords dans les rigoles en les recouvrant de terre. Ensuite, attendez.

» La température sous le plastique atteint des sommets tels que cela tue non seulement les mauvaises herbes mais aussi les insectes et tous les facteurs de maladies. Pour que cela marche vraiment, il faut en général attendre plusieurs mois.

La bataille après plantation

Si des mauvaises herbes se manifestent après semis ou repiquage, on a le choix entre plusieurs techniques pour les éliminer :

- Paillez vos planches. Une des meilleures façons de combattre les mauvaises herbes est d'apporter une épaisse couche de paillis organique. Même si le paillis n'étouffe pas les mauvaises herbes et leurs graines, les mauvaises herbes qui la percent sont faciles à arracher. Planter à travers une feuille de plastique est un autre moyen efficace d'empêcher les mauvaises herbes de devenir une nuisance ;
- Arrachez les mauvaises herbes à la main. Tant qu'elles sont jeunes, les mauvaises herbes se déracinent facilement. Enlevez les racines avec le reste où que vous les trouviez. Si vous n'arrivez pas à arracher les racines à la main, servez-vous d'un déplantoir ;
- Sarclez le sol. En passant la sarclette ou en labourant légèrement le sol entre les légumes, on met à l'air les racines des mauvaises herbes et on les tue pour la plupart. Le sarclage est efficace si on le pratique souvent : plusieurs fois par semaine pendant le premier mois et de bonne heure, tant que les mauvaises herbes sont petites. Certains instruments aratoires sont conçus spécifiquement pour cela ;
- Gardez les allées propres. La propreté des allées nécessite un effort continuel, sans quoi les mauvaises herbes des passages gagneront le jardin entièrement ;
- Si vous faites pousser vos légumes à proximité d'un pré, d'un champ ou d'un bois, essayez de dégager une bande saine entre eux et vous ; tondez-la au plus près : les graines des mauvaises herbes ne s'y arrêteront pas toutes, mais vous en recevrez déjà beaucoup moins.

Un désherbant naturel

- 1 kg de sel iodé ;
- 20 cl de vinaigre blanc ;
- 5 litres d'eau de pluie.

Pulvérisez cette solution par temps sec, ne pas en abuser car le sel peut stériliser le sol.

Plantes couvre-sol et engrais verts

Les couvre-sol sont des plantes qui empêchent l'érosion et étouffent les mauvaises herbes tandis que l'engrais vert améliore la structure du sol et en entretient la fertilité ; ils apportent des nutriments au sol et on les laboure alors qu'ils sont encore verts. Ce sont des alliés précieux du jardinier.

Les avantages de ces deux catégories de plantes sont spectaculaires :

- Ils ajoutent de la matière organique dans le sol. Et qui dit apport de matière organique, dit amélioration de la rétention d'eau, de l'aération et du drainage ;
- Ils préviennent l'érosion. Les couvre-sol préviennent l'érosion en retenant la terre à sa place dans les régions ventées et les zones de ruissellement ;
- Ils ameublissent les sols trop denses. Un engrais vert comme le colza ou la fève a un système racinaire très développé, pouvant atteindre 1,50 m de profondeur, qui aide à briser les sols trop lourds ;
- Ils apportent des nutriments au sol. Des engrais verts telles la vesce velue et la luzerne fixent l'azote de l'air grâce à une symbiose avec une bactérie qui infeste leurs racines sur la symbiose. Quand l'engrais vert est labouré dans le sol, l'azote est libéré pour la culture suivante. En outre, les engrais verts qui ont des racines profondes vont chercher très loin dans le sol des minéraux qu'ils amènent à la surface ;

La luzerne, un engrais vert

- Ils attirent des insectes utiles. Beaucoup de couvre-sol attirent des insectes qui se repaissent des insectes nuisibles : ils contribuent donc à les éliminer.

Choisir un couvre-sol

Certains couvre-sol ou engrais verts sont des plantes annuelles qui meurent après avoir fait leurs fleurs ou passé l'hiver. D'autres sont vivaces, ils repoussent chaque année. Pour le jardinier amateur, mieux vaut s'en tenir aux plantes annuelles : elles sont faciles à entretenir et ne transformeront pas votre potager en un vaste couvre-sol.

À l'exception des herbacées et du sarrasin, la plupart fixent l'azote :

- L'ivraie multiflore (*Lolium multiflorum*) est une herbacée à croissance rapide, facile à installer, qui atteint 60 à 90 cm. Elle résiste à – 30 °C, mais peut devenir envahissante. Semez entre 250 g et 1 kg de graines pour 100 m^2 ;

- Le trèfle d'Alexandrie (*Trifolium alexandrinum*) atteint 30 à 60 cm de haut et il est facile à tondre et à labourer. Il résiste à – 7 °C. Semez 1 kg de graines par 100 m². Son proche parent, le trèfle incarnat (*Trifolium incarnatum*), atteint une hauteur de 40 cm et résiste à – 12 °C ; il a de jolies fleurs rouges qui attirent les abeilles ;
- Le sarrasin (*Fagopyrum esculentum*) est une céréale à croissance rapide qui atteint en 40 jours une hauteur de 1,20 m. Il produit beaucoup de matière organique, étouffe les mauvaises herbes avec ses larges feuilles en leur faisant de l'ombre et secrète des produits chimiques qui empêchent les mauvaises herbes de germer. Il se décompose rapidement dans le sol après labour. Semez 1,5 kg de graines pour 100 m². Le sarrasin ne fixe pas l'azote et craint le froid : semez-le plutôt en été quand les températures sont clémentes ;
- La fève (*Vicia faba*) a une hauteur comprise entre 90 cm et 2,40 m, elle résiste à – 10 °C. Parmi les variétés comestibles, citons 'Sweet Loraine' et 'Windsor'. Semez 1 à 2,5 kg de graines pour 100 m² ;
- Le pois des champs (*Pisum arvense, Pisum sativus*, etc.) compte différentes variétés dont la hauteur va de 15 cm à 1,50 m. Il résiste à des températures allant de – 6 °C à – 12 °C. Semez de 1 à 2 kg de graines pour 100 m² ;
- La vesce velue (*Vicia villosa*) est la plus rustique des légumineuses annuelles (– 9 °C) et atteint une soixantaine de centimètres de haut. Semez de 0,5 à 1 kg de graines par 100m2 ;
- Le seigle (*Secale cereale*) résiste à – 35 °C et atteint plus de 1,50 m de haut. C'est la meilleure céréale pour les régions froides au sol pauvre et acide et elle produit beaucoup de matière organique. Semez de 1 à 1,5 kg de graines pour 100 m² ;
- La phacélie (*Phacelia tanacetifolia*) est une plante crucifère, mellifère comme la moutarde, particulièrement efficace contre les mauvaises herbes, notamment contre le chiendent. Semée en septembre, elle couvrira le sol en automne et en hiver en piégeant les nitrates et le fertilisera efficacement au printemps. Période de semis : du 15 juillet au 15 septembre (il est conseillé d'attendre 6 semaines avant de procéder à de nouveaux semis) ;
- La moutarde (*Sinapsis alba, nigra...*) est un excellent désinfectant du sol et tue le nématode de la betterave ; c'est aussi un piège à nitrates dont elle empêche le lessivage. Elle est détruite par le gel (vers – 7 - 8 °C), ce qui facilite enfouissement et travail. Elle convient aussi pour une jachère rapide.

Violet campanula muralis

Autres techniques

La désherbeuse thermique

Le principe est simple : produire un choc thermique sans brûlures sur les herbes. Le désherbeur thermique fonctionnant sur gaz ou électricité va « cuire » les cellules des plantes qui vont être atteintes et anéanties. La plante et sa racine vont se dessécher sur place dans les jours qui suivront.

Pour les plus rebelles comme le chiendent, par exemple, il faudra renouveler l'opération au bout d'une dizaine de jours. Il faudra aussi insister sur les plantes rampantes comme le lierre terrestre ou les plantes à racines pivot comme le pissenlit.

L'eau de cuisson

Lorsque vous faites cuire des pommes de terre dans de l'eau salée, ne jetez pas l'eau de cuisson dans l'évier. Sortez vos pommes de terre de l'eau et versez-la sur une allée dallée ou gravillonnée par exemple où quelques mauvaises herbes s'immiscent entre les dalles.

Le carton

Choisissez de grands morceaux de carton récupérés et non imprimés (sans encre), enlevez le scotch et les agrafes s'il y en a. Si la terre nécessite un apport, c'est l'occasion d'étaler un peu de fumier, de compost et/ou de feuilles d'orties ou de consoude avant de poser le carton. Si vous mettez le fumier ou le compost SOUS le carton, vous favorisez la vie des vers de terre et d'ailleurs de toute une « faune ». Puis placez les morceaux de carton en faisant bien en sorte qu'ils se chevauchent. Étalez une bonne couche de paille, de feuilles mortes, tontes de gazon sur le carton pour que le carton reste en place. Une fois décomposé, l'ensemble ajoutera de la matière organique à la terre.

Le désherbeur manuel

Il permet d'enlever les mauvaises herbes récalcitrantes à la racine sans effort. Quatre longues griffes en acier inoxydable attrapent efficacement la racine et le système d'éjection permet de relâcher facilement la racine après l'avoir extraite. Avec son manche ergonomique, le désherbeur permet aux jardiniers de travailler en position debout et d'éviter les tensions dans les muscles et le dos.

DANS CE CHAPITRE

Les nutriments essentiels
•
Choisir des biostimulants
•
Utiliser le Bois Raméal Fragmenté (BRF)
•
Engrais à faire soi-même

Chapitre 13
Prendre soin du sol

Identifier les besoins du sol

Pour pousser dans de bonnes conditions, les plantes ont besoin de 16 éléments, dont le carbone, l'hydrogène et l'oxygène en grande quantité. Elles ont également besoin de l'énergie du soleil pour la photosynthèse : c'est le processus grâce auquel les végétaux transforment le gaz carbonique de l'air et l'eau du sol en sucres qui leur permettent de grandir. C'est la nature et un arrosage méthodique qui leur fournissent ces éléments. Les végétaux ont également besoin d'azote, de phosphore et de potassium en quantité relativement importante : on les appelle les macronutriments ; ils sont présents dans le sol.

Les nutriments essentiels

L'azote

L'azote (N) est un corps simple indispensable aux protéines et à la chlorophylle, ce pigment qui joue un rôle vital dans la photosynthèse. C'est l'azote qui donne des plantes en bonne santé, et bien vertes. C'est un corps volage ; il se déplace aisément dans le sol, un rien le lessive hors de portée des racines des plantes. Il suffit pour cela d'un peu de pluie ou d'un arrosage maladroit. Par conséquent, il faut continuellement veiller sur l'apport d'azote pendant toute la saison.

Les signes de pénurie : les plants souffrant d'un manque d'azote jaunissent, à commencer en général par les feuilles les plus vieilles, et leur croissance est ralentie. Toutefois, pour les tomates, il arrive que le manque d'azote se détecte à un rougissement des tiges et du revers des feuilles.

Les signes d'excédent : une plante qui a trop d'azote a une texture molle, un feuillage vert très foncé et des racines atrophiées ; la floraison et la formation des fruits sont retardées. En fait, l'excès d'azote dans le jeune âge peut carrément brûler les racines et tuer le plant. Comme l'azote se lessive vite, la solution est tout bonnement de cesser d'en apporter et le problème se résoudra de lui-même.

Comment effectuer un apport d'azote : on peut donner au sol un supplément d'azote en ajoutant des engrais organiques, de la matière organique en décomposition et de la fumure compostée.

Le phosphore

Le phosphore (P) contribue à la croissance des racines, améliore la résistance aux maladies et favorise la formation des fruits et des graines. Il est moins présent dans les sols froids, par conséquent il est bon de leur apporter au printemps un engrais contenant du phosphore.

Les signes de pénurie : les plantes manquant de phosphore dépérissent ; leur feuillage est vert foncé alors que leurs tiges et leurs feuilles – les plus vieilles d'abord – virent au violacé. Le pH du sol affecte la disponibilité du phosphore pour les plants : un pH compris entre 6 et 7,5 le garde disponible.

Les signes d'excédent : l'excès de phosphore est nuisible car il peut provoquer des déficiences en zinc et en fer. Il peut se laisser lessiver et polluer les cours d'eau et les plans d'eau. Les indices de pénurie en zinc et en fer sont l'apparition de feuilles décolorées ou difformes, le ralentissement de la croissance et la diminution de la production.

Comment en apporter : les sources de phosphore sont certains minéraux, la matière organique, les engrais non organiques telle la phosphorite et des engrais organiques telle la poudre d'os.

À la différence de l'azote, le phosphore n'est pas facile à lessiver du sol.

Par conséquent, il est bon d'ajouter un engrais organique contenant du phosphore près de la zone racinaire avant de semer, au lieu de le saupoudrer à la surface du sol.

Le potassium

Le potassium (K) favorise une croissance vigoureuse et une bonne résistance aux maladies.

Les signes de pénurie : le premier symptôme est le ralentissement de la croissance ; si celle-ci est grave, on observe un brunissement du bord des feuilles et l'apparition de feuilles jaunes difformes.

Les signes d'excédent : l'excès de potassium peut créer des déséquilibres dans l'alimentation de la plante et inhiber sa croissance.

Comment en apporter : des minéraux fournissent le potassium, de même que la matière organique et les engrais minéraux tels que la poussière de granit et la glauconite.

Autres nutriments

Le calcium, le magnésium et le soufre sont les nutriments secondaires. Les plantes en consomment des quantités substantielles mais beaucoup moins que l'azote, le phosphore et le potassium.

Les signes de pénurie : la plupart des sols alcalins contiennent naturellement les nutriments secondaires, et rares sont les sols qui manquent de soufre. Bref, la plupart des potagers les contiennent dans leur sol. Mais si vous avez éliminé les autres possibilités et que vous trouviez que vos légumes souffrent, une analyse de sol en laboratoire vous mettra peut-être sur la voie d'une de ces déficiences.

Comment les apporter au sol ? Dans les régions où le sol est acide, le chaulage visant à optimiser le pH du sol fournit des quantités appropriées de calcium et de magnésium.

Les oligo-éléments

Les oligo-éléments sont ceux dont les plantes ont besoin en quantité infime ; ce sont le fer, le manganèse, le cuivre, le bore, le molybdène, le chlore et le zinc. L'excès de ces éléments est plus dommageable que leur manque.

Signes d'excès ou de pénurie : une pénurie ou un excès de ces oligoéléments peut signifier que votre sol est trop acide ou trop basique, donc vous pouvez corriger cela en changeant le pH et non en ajoutant des nutriments. Pénurie et excédent sont en général détectés quand les plants croissent mal, ou par des analyses de laboratoire.

Comment les apporter au sol ? Parfois, il n'est pas commode de changer le pH au point d'augmenter les niveaux d'oligoéléments. Dans d'autres circonstances, on peut être tenté d'apporter rapidement l'oligoélément concerné, tandis que l'on entreprend parallèlement de changer le pH du sol. Dans ces cas-là, les oligoéléments sont apportés sous la forme de chélates. Les chélates sont ajoutés à d'autres produits chimiques – dans le cas présent des oligoéléments – pour que ceux-ci soient assimilés par les plants alors que l'état du sol est défavorable. Apportez les oligo-éléments au sol ou, mieux, pulvérisez-les sur le feuillage.

L'engrais organique au potager

Même si l'on a le meilleur sol du monde, une plantation de légumes sollicite le sol de façon intensive et le dépouille de nutriments qui peuvent être importants. Par conséquent, il faut apporter de l'engrais au sol pour qu'il reste à son plus haut niveau et capable de parfaitement nourrir les plantes. La quantité d'engrais à apporter dépend du sol et de la culture que l'on y pratique. Il est donc difficile de donner des recettes qui s'appliquent de façon universelle, et encore moins des quantités. L'analyse du sol est une excellente façon de savoir ce qu'il faut y apporter.

Des biostimulants pour moins consommer d'engrais

Les biostimulants sont des fertilisants qui stimulent le processus de nutrition des végétaux indépendamment des éléments nutritifs qu'ils contiennent, dans le seul but d'améliorer une ou plusieurs caractéristiques suivantes des végétaux ou de leur rhizosphère :

- » L'efficacité de l'utilisation des éléments nutritifs ;
- » La tolérance au stress abiotique ;
- » Les caractéristiques qualitatives ;
- » Et la disponibilité des éléments nutritifs confinés dans le sol ou la rhizosphère.

De nombreuses propriétés sont reconnues aux biostimulants :

- » L'amélioration de l'absorption par la plante des macro- et micronutriments (N, P, K, Ca, Mg, Mn...) présents dans l'environnement ou apportés via des matières organiques ou chimiques ;
- » L'amélioration de la biodisponibilité des composés nutritifs du sol (macro- et microéléments) permettant une meilleure absorption et utilisation au sein de la plante ;
- » L'augmentation de la tolérance et de la résilience des plantes face aux stress abiotiques (sécheresse, excès d'eau, gelées, sel...) ;
- » L'amélioration des critères de qualité des produits récoltés (dont teneur en sucre, en lipides, couleur, conservation...) ;
- » L'utilisation d'engrais est inutile et l'impact sur l'environnement est très faible ;

- L'amélioration de l'activité microbienne des sols permettant une humification des sols ;
- L'amélioration de certaines propriétés physicochimiques du sol permettant une meilleure dégradabilité des composés organiques.

Attention

Les micro-organismes peuvent provoquer des réactions de sensibilisation. Le port d'un masque (avec filtre P3), de gants et de vêtements de protection appropriés est obligatoire.

- Les apports de biostimulants font se développer la flore microbienne du sol très rapidement (en quelques heures). En 3 mois, 5 % d'azote sera libéré.
- Du fait du développement important du chevelu racinaire des végétaux, celui-ci explore une grande partie du sol et peut absorber plus de nutriments minéraux. La plante se développe mieux, résiste plus facilement au stress.
- Les biostimulants dopent l'action de décomposition de la matière organique par les micro-organismes. Il paraît donc tout à fait judicieux de les utiliser pour activer le compost.

Figure 13-1 Conséquences de l'application de biostimulants

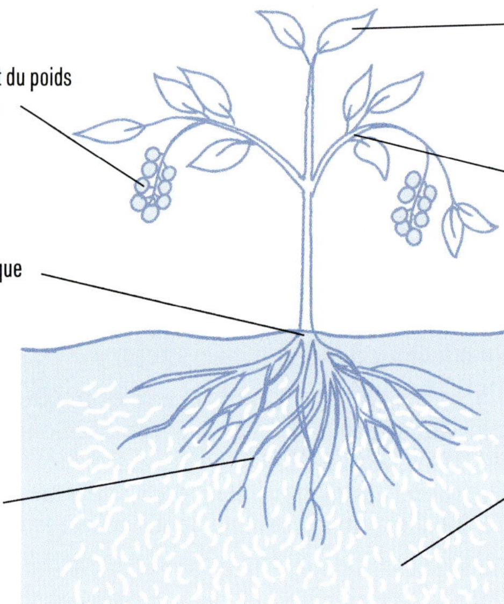

Actions des différents types de biostimulants

D'abord caractérisés par leurs propriétés et leurs fonctions, les biostimulants peuvent être d'origine très diverse et avoir des modes d'actions très variés. Les trois catégories suivantes peuvent être utilisées pour les classer selon leurs origines :

» **Biostimulants organiques ;**

» **Biostimulants microbiens ;**

» **Biostimulants inorganiques.**

Les biostimulants peuvent s'utiliser seuls, par apport au sol ou dans le milieu de culture, par pulvérisation sur les plantes ou intégration au sol. En raison des quantités à apporter, souvent faibles, l'utilisation des biostimulants est fréquemment combinée avec l'apport d'autres fertilisants : c'est le cas déjà largement répandu des supports de culture enrichis en mycorhizes.

Pour en savoir plus, consultez plus l'académie des biostimulants : http://www.biostimulants.fr

La cendre au jardin

Les feux de bois sont un véritable cadeau pour le jardinier.

Nous avons vu que nous ne pouvions pas la composter (cf . partie 5 sur le compost). Mais que faire de la cendre ? Après l'avoir tamisée, stockez-la dans des sacs étanches, à l'abri. Vous disposerez ainsi au printemps d'un excellent produit d'origine naturelle. Les cendres contiennent beaucoup de calcium, ce qui en fait un excellent amendement calcaire capable de remplacer la chaux pour lutter contre l'acidité du sol.

> Elle est composée de 20 à 50 % de calcium, de 14 % de silice, de potassium (entre 2 et 9 %), de magnésium (1 à 4 %), de phosphore (0,5 à 2 %) et d'autres oligoéléments.

Astuces

Pour augmenter la teneur en phosphore de la cendre, calcinez des os de cuisine (ils en contiennent plus de 10 %) dans un poêle à bois ou un insert à foyer fermé.

La cendre doit être apportée en quantité modérée. Tout excès provoque un déséquilibre chimique du sol et une mauvaise alimentation des plantes. L'excès de potasse se traduit par une mauvaise assimilation du magnésium et d'autres éléments essentiels. L'excès de chaux provoque un blocage d'oligo-éléments indispensables et de l'assimilation du fer (chlorose). Il entraîne une destruction de l'humus du sol et une libération de l'azote sous forme gazeuse.

Laissée à la surface du sol, la cendre détruit la structure de la terre qui peut devenir asphyxiée. La cendre de bois est donc bonne pour le jardin, mais en quantité limitée : 50 g à 100 g par m² et par an, soit deux grosses poignées. Épandez-la en hiver ou gardez-la pour épandre au printemps entre les légumes.

Attention

N'utilisez que de la cendre de bois non traité. Portez à la déchetterie les bois peints, les contreplaqués, agglomérés ou tout autre bois traité avec des produits chimiques. N'utilisez jamais de suies ni de cendres de charbon.

Comment l'employer ?

La cendre de bois s'emploie une fois totalement refroidie. L'idéal, c'est plutôt en fin d'hiver : plus tôt, la potasse contenue dans la cendre, soluble, serait facilement lessivée par les pluies hivernales. Le mieux est d'étaler la cendre au-dessus d'un paillage. Vous pouvez épandre jusqu'à l'équivalent de 3 à 4 pelletées par m². Au pied d'un arbre fruitier, vous pourrez en épandre jusqu'à 1 kg. Épandre une trop grosse quantité de cendre modifie la structure du sol et forme une pâte collante ensuite. La cendre est plus utile lorsqu'elle est apportée après les grosses pluies de fin d'hiver, à la surface d'une terre légèrement griffée. À savoir : une fois mouillée, la cendre peut être utilisée quand même.

Vous pouvez l'utiliser sur le gazon, cela permet une meilleure pénétration des eaux de pluie dans le sol, donc moins de mousses en surface. Au potager la cendre est excellente pour tous les légumes mais n'en apportez pas pour les plantes de terre de bruyère en général : elle alcalinise le sol et, en terre très calcaire, elle accentue les problèmes liés à ce type de terre. En effet, l'excès de calcaire provoque un blocage de l'assimilation d'oligo-éléments indispensables comme le fer.

Autres utilisations au jardin

Anti pucerons

La cendre peut s'employer par exemple sur le chou (feuilles larges) localement. Elle dessèche l'insecte riche en eau. Pour une grosse attaque, il faudrait beaucoup de cendre.

Contre les limaces

Dessinez des cercles de cendre autour de vos protégées (salades, radis). Il faut les refaire après une pluie.

Contre la neige

Par temps verglacé, épandez de la cendre au lieu du sel habituel et corrosif.

Le lait de cendre

Diluez de la cendre tamisée avec de l'eau de façon à obtenir une pâte liquide. On appelle cela un « lait de cendre ». Badigeonnez le tronc de vos arbres fruitiers avec cette mixture jusqu'à la base des branches principales. Cette application lutte contre les formes hivernantes de maladies.

Le Bois Raméal Fragmenté (BRF) ou Broyat

Le Bois Raméal Fragmenté, ou BRF, est pour certains une révolution culturale. Il s'agit d'apporter directement au sol de jeunes rameaux de feuillus broyés, issus de la taille de haies ou d'élagage de votre jardin. Les plus recommandés sont le chêne, le frêne ou encore l'acacia. En stimulant fortement la vie du sol, le BRF joue un rôle essentiel dans son amélioration et la lutte contre son érosion. Après incorporation, le BRF est rapidement colonisé par les micro-organismes du sol. Le processus de décomposition du BRF profite à l'ensemble de la vie du sol et stimule ainsi tous les réseaux alimentaires, depuis les bactéries jusqu'aux plantes en passant par les vers de terre et les insectes. L'accroissement de l'activité biologique permet une structuration active du sol. On estime que 80 à 90 % de l'effet des matières organiques sur la structure des sols est lié à la biostimulation, et cet effet est d'autant plus fort que l'on apporte des matières organiques fraîches telles que le BRF. Cette technique représente plus qu'un simple paillis car elle permet le développement des champignons (mycélium) et la création d'humus stable afin de développer la fertilité du sol.

Comment le produire ?

On estime que 75 % des nutriments de l'arbre se trouvent dans les branches de moins de 7 cm de diamètre. Le BRF qui fait partie des déchets bruns (cf. partie 5 sur le compost) possède des atouts et peut s'associer à d'autres types de fertilisations. Le BRF est un moyen intéressant pour compenser le faible rapport carbone/azote de certains produits.

Si vous avez beaucoup d'arbres, d'arbustes à tailler et que vous voulez broyer vos végétaux, investissez dans un broyeur qui accepte les branches jusqu'à 6 mm.

Les apports recommandés sont de 3 cm d'épaisseur sur toute la surface cultivée. Il est fortement recommandé de minimiser à 20 % maximum dans le mélange les branches de résineux, elles ont tendance à acidifier la terre.

L'épandage de matière riche en carbone peut faire craindre une faim d'azote pénalisant certaines plantes. En effet, la première année, le BRF stocke une partie de l'azote présent. Tenez-en compte et rajoutez 1/3 de plus d'azote à vos plantes et surtout à vos plantes potagères. L'épandage doit être régulier pour éviter un cumul de copeaux qui immobiliserait localement l'azote.

Les premiers essais de la technique BRF remontent aux années 1970. Les résultats portent leurs fruits : production d'humus, amélioration de la structure des sols, rendements, diminution importante des besoins en eau, moins de désherbage, de maladies et de ravageurs et retour de la biodiversité.

Quels matériaux utiliser pour le BRF ?

- Il faut utiliser du bois d'essences feuillues (pas plus de 20 % de bois de résineux comme le pin, le sapin…) ;
- Certaines espèces d'arbres comme le chêne, le frêne, l'érable et l'acacia sont particulièrement recommandées ;
- Certaines espèces comme le marronnier et l'eucalyptus ne doivent pas être utilisées à plus de 20 % dans le BRF.

Si vous voulez absolument ce précieux sésame sur la biodiversité et que vous ne voulez pas investir dans un broyeur, contactez des élagueurs ou des paysagistes de votre région : ils peuvent en donner ou vous en vendre : il faut compter environ 70 euros pour un camion de 3 m^2 de broyat ou 30 euros pour 60 l en sachet. C'est variable selon les régions. Vous pouvez aussi vous adresser aux services municipaux qui entretiennent les espaces verts de votre commune.

Figure 13-2 Utilisation de BRF au jardin

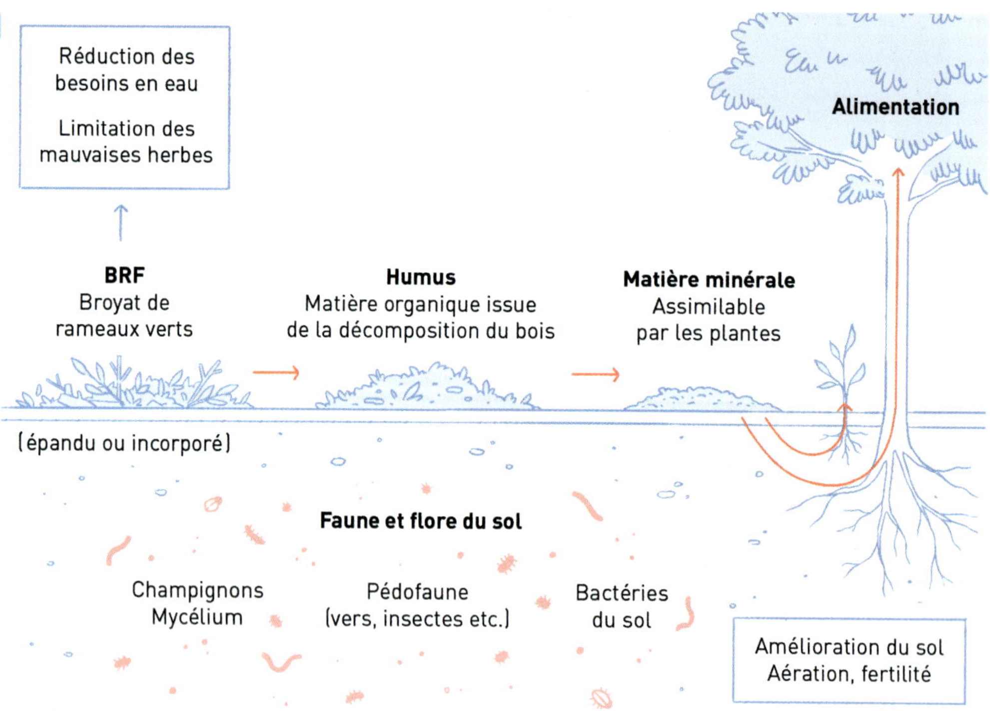

Comment l'utiliser ?

Il faut de 6 à 10 mois pour que le sol prenne une couleur noire, témoignant de la présence d'humus.

Le BRF mobilise de l'azote et certaines plantes peuvent avoir des feuilles qui jaunissent. Pour éviter la « faim d'azote », il est possible d'épandre du compost ou un engrais organique azoté (purin d'ortie ou de prêle par exemple).

Si la surface à soigner est de 500 m², il faut 10 m³ pour une épaisseur de 2 cm.

Je choisis l'amendement

Une fois réduit en copeaux, épandez le BRF sans tarder : l'épandage du BRF doit se faire très rapidement après le broyage, dans les 24 heures en principe, soit concrètement d'octobre à février.

Épandez le BRF en couche de 3 cm.

Vers la fin du mois d'avril, griffez le sol pour y incorporer le BRF.

Je choisis le paillage

Vous pouvez épandre le BRF toute l'année, il n'est pas nécessaire qu'il soit fraîchement broyé. Il peut être légèrement composté. Épandez-le en couche plus épaisse (5 à 10 cm), au pied de vos rosiers, de vos vivaces, de vos légumes, de vos arbustes, de vos fruitiers... Laissez-le sur le sol sans l'incorporer.

Si vous ne pouvez pas l'utiliser tout de suite : le broyat pourra alors être stocké quelques semaines, si possible en petits tas de 1 m³ ainsi qu'à l'abri du soleil et de la pluie. À noter également que la saison la plus favorable pour l'épandage du BRF est au début de l'automne.

Le broyat de conifères

Vous pouvez utiliser avec parcimonie le BRF d'essence de conifères en l'utilisant uniquement comme paillis et en mélange (20 % maximum) pour les haies par exemple ou alors plus concentré pour les plantes de terre de bruyère comme les rhododendrons, les hortensias, les azalées, les fraisiers, les plantes acidophiles en règle générale. Mélangez-le à de la tonte de gazon (50/50) et laissez-le se composter 1 an avant l'utilisation sur toute les cultures.

Le fumier au jardin

Le fumier est une matière efficace et pratique pour fertiliser son potager. Utilisé depuis quelques milliers d'années, il a fait ses preuves partout dans le monde. Le fumier d'animaux est utilisé depuis très longtemps pour fertiliser les cultures. En se décomposant il va permettre d'enrichir le sol, l'ensemencer en divers micro-organismes et créer de l'humus.

Attention

Il ne faut pas utiliser de fumier frais qui pourrait brûler les plantes. Pour cela :

Faites composter votre fumier plusieurs mois en tas dans un coin du potager

Épandez le fumier directement dans le potager plusieurs mois avant la plantation

Un fumier de bonne qualité est composé de déjections d'animaux et de paille. Les déjections riches en azote et la paille riche en carbones vont se compléter dans le processus de dégradation du fumier.

Les inconvénients du fumier frais

Il est beaucoup plus volumineux et risque de polluer votre sol à cause de la présence d'ammoniaque qui peut s'infiltrer dans ce dernier surtout s'il est répandu à l'automne.

Le fumier frais, non composté, risque de contenir des graines indésirables qui peuvent germer dans vos plates-bandes et avoir des restes de médicaments ou d'antibiotiques qui peuvent avoir été administrés aux animaux. Épandez votre fumier frais 3 à 4 mois avant toute plantation ou semis. Attention ! il ne faut jamais mettre le fumier frais en contact direct avec les racines de vos plantes.

Fumier frais

Récup : les engrais à faire soi-même

La peau de banane

La peau de banane contient beaucoup de potassium, phosphore et calcium, elle est donc idéale pour la floraison et la reproduction des plantes. Pour l'utiliser, il suffit de l'enterrer dans le sol à la base de la plante et de la laisser se décomposer. À savoir : vous pouvez congeler des bananes trop mûres au lieu de les jeter. Ensuite, enterrez-les près d'une plante qui en a besoin. Également, vous pouvez laisser infuser une peau de banane dans de l'eau pendant 2 à 3 jours, puis pulvériser l'eau sur des plantes ou des semis.

Les coquilles d'œufs

Riche en calcium et donc bon pour la croissance des plantes, les coquilles d'œufs vont contrer le pourrissement des fleurs de tomates. Ce problème arrive si votre sol manque de calcium. Pour y remédier, il vous suffit d'écraser des coquilles d'œufs et de les enterrer sous la surface du sol.

À savoir

Pour une efficacité optimale, vous pouvez aussi utiliser un spray en mélangeant une vingtaine de coquilles d'œufs et 4 litres d'eau. Faites bouillir le tout pendant quelques minutes, et laissez infuser dans l'eau toute la nuit. Utilisez une passoire et versez le liquide dans un flacon spray. Vaporisez directement sur la terre.

Le marc de café

Le marc de café est un engrais naturel qui ajoute de l'azote à un sol pauvre tout en augmentant son acidité. De plus, il est très apprécié par les roses, hortensias, magnolias et rhododendrons.

À savoir

En ajoutant 25 % de marc de café dans le sol, vous améliorez la matière organique dans la terre.

Le sel d'Espom

Il ajoute du magnésium et du soufre dans le sol. Intéressant pour les tomates et les roses. L'eau salée au sel d'Epsom est parfaite pour les semis et pour réduire le choc des transplantations. La recette est simple et rapide : mettre 1 cuillère à soupe de sel d'Espom dans 4 litres d'eau. Il peut être aussi mélangé dans le sol autour des plantes à raison de 1 cuillère à soupe pour chaque pied de 60 cm de hauteur, il faut ensuite arroser.

À savoir

Le sel d'Espom est connu pour donner aux plantes une couleur vert foncé.

L'infusion de gazon coupé

Pour obtenir un engrais à haute teneur en azote : utilisez de l'herbe tondue, ainsi, vous recyclez les tontes. Simple à réaliser, remplissez 25 litres d'herbe fraîchement coupée et couvrez d'eau. Le mélange doit reposer 3 à 5 jours. Puis diluez l'infusion : une mesure d'infusion d'herbe pour 9 l d'eau. Il ne vous reste plus qu'à arroser vos plantes.

L'eau de cuisson

L'eau de cuisson de vos légumes est riche en nutriments et sels minéraux, très utiles pour la croissance des plantes. Pour l'utiliser, laissez refroidir l'eau de cuisson et arrosez votre potager avec.

Les sachets de thé

Saviez-vous que les sachets de thé contiennent de l'hydrate de carbone ? Cela booste les plantations de légumes et d'arbres fruitiers et améliore la floraison des plantes à fleurs. Vous pouvez alors les utiliser en les faisant macérer dans un fond d'eau. Utilisez le mélange en le diluant dans l'eau d'arrosage.

Les feuilles mortes au jardin

Les feuilles mortes sont à la fois le meilleur et le pire ennemi de votre jardin. Elles se recyclent merveilleusement au jardin, dans les composts par exemple, mais si vous les laissez s'accumuler sur votre pelouse ou sur vos plantes cela peut étouffer les plantes qui se retrouvent en dessous du tapis foliaire.

- » Ramassez-les et utilisez-les pour protéger votre sol du froid ;
- » Couvrez un sol nu pour limiter son érosion ;
- » Enrichissez le compost et obtenez un terreau naturel et riche pour vos prochaines plantations.

Comment ramasser les feuilles mortes ?

Vous pouvez ramasser les feuilles mortes à la main dans de petits jardins. Pour les jardins plus grands, employez des outils adaptés comme :

- » Le balai à gazon à tête large et à dents aplaties pour ne pas abîmer la pelouse ;
- » Des outils à moteur pour plus de puissance : les souffleurs pour rassembler au même endroit les feuilles, couplés ou non à un aspirateur pour les ramasser directement. Idéal pour les grands jardins ou parcs arborés.

Que ramasser ?

Les feuilles équilibrées

Les feuilles d'aulne, de hêtre, d'arbre fruitier, de noisetier, de frêne ou encore de sureau sont parfaites. Ces feuilles sont dites « équilibrées », avec un rapport carbone/azote de 25 à 30 lorsqu'elles sont vertes et de 40 à 60 lorsqu'elles sont mortes. Elle se décomposeront plus rapidement.

Les feuilles cellulosiques

Les feuilles riches en carbone : les chênes, les bouleaux et les érables. La décomposition de ces feuilles sera plus lente. Mais l'humus qui résultera de cette décomposition sera stable et durable.

Intérêts de la feuille au jardin

- Stimule la vie dans le sol ;
- Limite l'érosion du sol ;
- Maintient une certaine humidité dans le sol ;
- Protège le sol des rayonnements directs du soleil ;
- Limitez le développement des adventices ;
- Maintient le sol un peu plus au chaud en plein hiver.
- Enrichit la terre en se décomposant ;

Comment les utiliser ?

Le paillis de feuilles

- Les feuilles mortes seront très utiles pour couvrir le sol de votre potager ou d'un massif ;
- Ce type de paillage aura le même effet qu'un paillage traditionnel. L'idéal, c'est d'appliquer le paillage à l'automne sans attendre que le sol soit trop refroidi. Appliquez toujours cette couverture naturelle en aérant au préalable votre sol à l'aide d'une grelinette par exemple ;
- Si vous utilisez des feuilles contenant peu d'azote (carbonées), associez à ce paillis du compost ou du fumier bien décomposé. Épandez une couche plus ou moins épaisse de feuilles (10-15 cm en sol lourd et jusqu'à 30 cm en terre légère). Cette épaisseur diminuera très vite (en quelques semaines avec des feuilles équilibrées, l'épaisseur pourra diminuer des 2/3). Si vous mettez ce paillage aux pieds d'arbres fruitiers ou autres plantes en place, veillez à dégager le collet afin d'éviter des risques de pourriture.

Le terreau de feuilles

- Pour le réussir, vous devez être patient :
  9 à 10 mois au minimum sont nécessaires pour obtenir un terreau de qualité. Cette durée de compostage peut aller jusqu'à 2 ans pour profiter d'un terreau de grande qualité. Ramassez les feuilles au fur et à mesure, en évitant d'attendre qu'elles forment un matelas épais. Pour accélérer la décomposition, passez-les au broyeur, ou ramassez-les à la tondeuse en laissant le panier de ramassage. Entassez un grand volume dans un bac à compost. Le tas doit rester en contact permanent avec le sol. Arrosez par exemple avec un jus de consoude ou un purin d'ortie, deux activateurs naturels de compost. Brassez de temps à autre le tas et gardez-le humide.

Intégrer les feuilles mortes à votre compost

- » Dans un compost on a plus souvent des déchets verts (tonte de gazon) que des déchets carbonés (cf. partie 5, le compost). Sans feuilles ou matériaux bruns par exemple, un compost aura tendance à pourrir avec tous les désagréments que nous connaissons. Stockez les feuilles mortes dans un coin de votre jardin, à côté du compost en les protégeant de la pluie, puis utilisez-les régulièrement toute l'année pour « nourrir » votre « or noir ». Votre compost en sera ainsi mieux équilibré et se décomposera plus efficacement sans odeurs nauséabondes.

Recycler les tontes de gazon

Au printemps et au début de l'automne, la tonte représente plus de la moitié des déchets verts générés par l'entretien du jardin. En les recyclant par lui-même, le jardinier s'épargne bien des tracas et profite d'une ressource naturelle et valorisable à l'infini.

Astuces

- » Videz votre bac de ramassage dans un endroit ensoleillé ;
- » Étalez les tontes en formant des couches minces pour accélérer leur séchage ou bien des couches plus épaisses (20 cm d'épaisseur au maximum) qui seront remuées régulièrement pour éviter la fermentation ;
- » Une fois parfaitement sèches, les tontes forment un foin à utiliser au pied des plantes.

Pailler avec des tontes de gazon

Pour recycler les déchets produits par la tondeuse, utilisez les tontes de gazon comme paillis, cela constitue une excellente alternative. Riche en azote, l'herbe favorise le développement de micro-organismes indispensables à la structuration du sol.

Pour l'utiliser, disposez une couche fine (1 centimètre au maximum) au pied des cultures à cycle végétatif court comme les radis ou encore les laitues pommées.

Pour les cultures à cycle végétatif long (concombres, courges, aubergines, tomates et bien d'autres), placez une importante couche d'herbe sèche (environ 2 à 5 centimètres d'épaisseur) au pied des plantes.

Renouvelez régulièrement la couche qui a tendance à s'affaisser. Cette méthode s'applique pour les plates-bandes fleuries, les plantes au pied des haies ou des arbustes. Disposé en fine couche, ce paillis préserve le sol de l'érosion occasionnée par le vent et les fortes pluies. Il permet de maintenir plus longtemps l'humidité du sol et de limiter l'apparition de mauvaises herbes. Abritant également une microfaune, le paillis de tontes de gazon se décompose en seulement quelques semaines, procurant rapidement des matières organiques au sol.

Faire du compost avec des tontes

Les tontes de gazon figurent parmi les matières organiques azotées nécessaires pour préparer un compost équilibré. Pour réduire les risques de putréfaction, incorporez des déchets bruns, plus secs, comme des copeaux de bois, des cartons, de la paille ou du papier.

Pour préparer un compost avec un bon rapport carbone/azote, prévoyez d'ajouter, en simultané, un volume de déchets verts pour un volume de déchets bruns à chaque fois. Cela évitera un mauvais équilibre du compost.

L'herbicyclage

L'herbicyclage consiste à laisser la taille du gazon directement sur le gazon. Plus besoin de le jeter. En moins de 48 h, vous ne verrez plus les petites boules d'herbes qui auront été décomposées et qui permettront de nourrir votre sol ou la biodiversité présente.

Pratiquer l'herbicyclage n'a qu'une seule contrainte : attendre que le gazon soit sec pour éviter qu'il se décompose et fermente. Ainsi il serait préférable de couper le gazon dépourvu de la rosée du matin ou attendre un jour après un épisode orageux. Rien de plus simple. Il vous suffit d'enlever le bac récolteur de votre tondeuse et de s'assurer que votre lame est propre et coupe l'herbe nettement. Il est tout de même préférable de conserver une hauteur de gazon de 7-8 cm (ce qui évitera aussi qu'il jaunisse trop vite en été).

Dans quels cas ne pas recycler le gazon coupé

Si on a laissé pousser l'herbe très longtemps (plus de 10 cm) ou si elle va être mouillée lorsque vous la couperez, les débris s'agglutineront et pourraient endommager l'herbe en croissance. De plus, si vous avez une maladie dans votre pelouse ou si vous l'avez récemment traitée avec un herbicide, vous ne pourrez pas recycler ces coupures de gazon pour protéger votre potager ; évitez de traiter.

1 heure = 10 heures

Une heure passée à recycler des végétaux, c'est dix heures gagnées en entretien.

En utilisant efficacement ses déchets verts, il n'est plus nécessaire :

- D'aller acheter du paillis, du compost ou de l'engrais, désormais inutiles ;
- De bêcher et désherber ou très peu ;
- D'arroser fréquemment durant l'été car le paillis conserve la fraîcheur…

Stop à la tonte : les prairies fleuries

Les prairies fleuries sont de plus en plus utilisées dans les jardins des amateurs et permettent de végétaliser des espaces réputés difficiles, ne demandant que peu d'entretien.

En évitant les tontes régulières, on attire tout naturellement la biodiversité dans son jardin. Les mélanges fleuris variés ont bien leur place dans nos jardins. La préparation du sol est l'étape la plus importante dans la mise en place d'une prairie fleurie. Elle vise à décompacter le sol sur au moins 15 cm de profondeur, le nettoyer des éventuelles pierres et mottes de terre pour obtenir un guéret très fin apte à servir de lit de semences. Un bon travail du sol a en outre le mérite d'assurer une levée homogène, de garantir des conditions de développement favorables et de favoriser la résistance à la sécheresse. Passez la débroussailleuse une ou deux fois par an : en début d'été et d'automne.

Partie 4

Multiplier ses plantes

Dans cette partie...

Nous verrons qu'il n'est pas nécessaire de se ruiner à la jardinerie du quartier pour avoir un jardin luxuriant et un potager abondant : à partir de vos propres plants, des graines de légumes récoltées ou achetées, de semis échangés et troqués, vous pouvez enrichir votre coin de paradis sans dépenser une fortune et en réduisant votre impact carbone !
Les végétaux ont la merveilleuse propriété de pouvoir non seulement se multiplier par graines, mais aussi de se régénérer à partir d'un fragment de tissu. Ce phénomène naturel, dont on tire profit pour multiplier de nombreuses plantes ornementales, s'appelle la multiplication végétative. Elle permet d'obtenir des plantes plus rapidement que par semis, mais aussi de multiplier des plantes qui ne produisent pas ou peu de graines, de « rajeunir » certaines plantes et surtout de conserver les caractéristiques d'une plante spécifique.
À chaque plante sa technique : vous deviendrez bientôt les pros du bouturage, du marcottage et du regrowing, pratique très répandue chez les citadins férus de plantes.

DANS CE CHAPITRE

Bouture en terre

Bouture de racine ou de feuille

Chapitre 14
Le bouturage

Le verbe « bouturer » provient du mot « bout » et signifie prélever le bout d'une tige ou la section terminale d'une tige de plante pour produire une autre plante. La bouture s'avère un clone parfait de la plante mère et la nouvelle plante comportera toutes les caractéristiques de la plante d'où elle provient. La grande idée c'est de prélever une partie de la plante exempte de maladies et de parasites que l'on met dans de l'eau, de la terre ou du sable humide. Placée sous des conditions appropriées de température, d'humidité et de nutriments, la bouture produira des racines.

Figure 14-1 Bouturer en terre

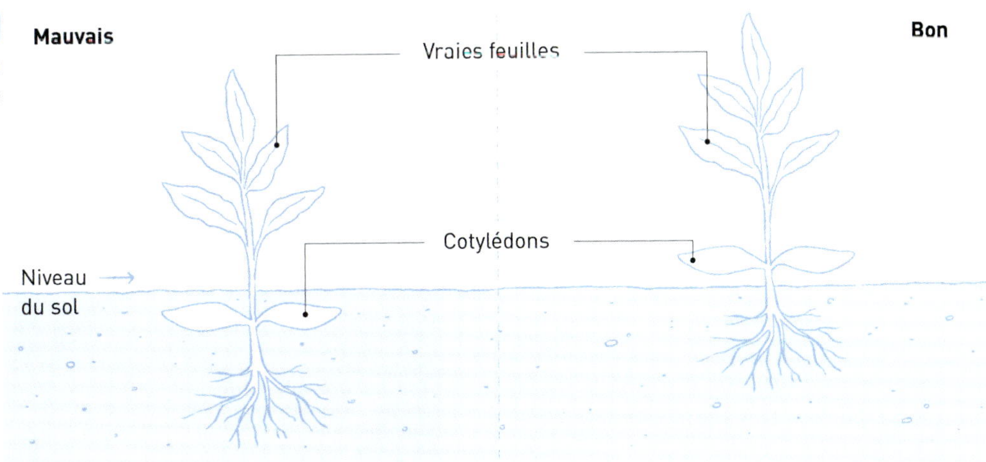

Figure 14-2

Préparer sa tige

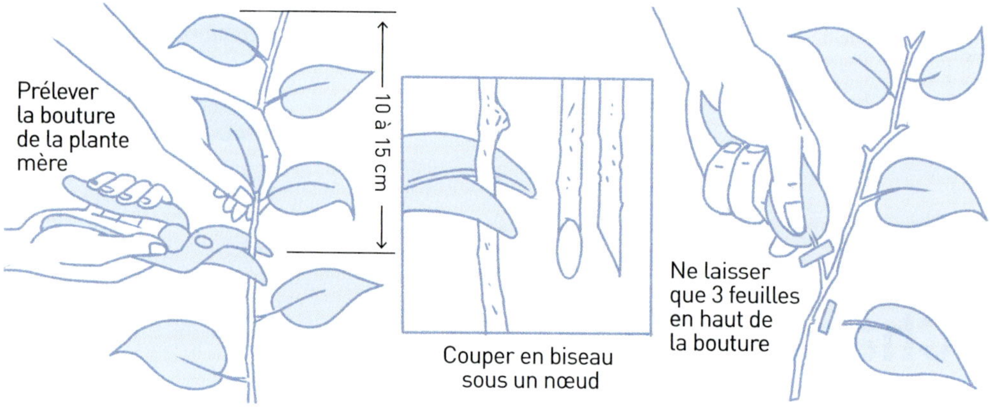

Comment faire ?

La bouture pour réussir doit avoir au moins trois ramifications (yeux) et posséder quelques feuilles (mais aucune fleur) et au moins 10 à 15 cm de long.

Pour éviter une transpiration excessive des feuilles vous pouvez les couper de moitié.

Coupez la tige à 45° avec une paire de ciseaux ou un sécateur dont on aura désinfecté les lames avec de l'alcool à brûler pour éviter la transmission des maladies d'une bouture à l'autre. Coupez toujours sous une ramification et retirez le bourgeon terminal (si existant) pour privilégier la formation des racines et non l'allongement de la tige. Choisissez toujours un emplacement lumineux, chaud et à l'abri du vent.

Bouture en terre

Creusez un trou de 5 à 7 cm, plantez la bouture avec ou sans hormones de bouturage. Arrosez très régulièrement avec un pulvérisateur.

L'hormone de bouturage est conditionnée en petits sachets de poudre blanche, plus rarement en gel. Elle est composée d'acide b-indole butyrique, une substance produite chimiquement afin de remplacer les propriétés des hormones naturelles. On la trouve dans toutes les jardineries en boîtes de sachets individuels.

Figure 14-3

Repiquer ses boutures en terre

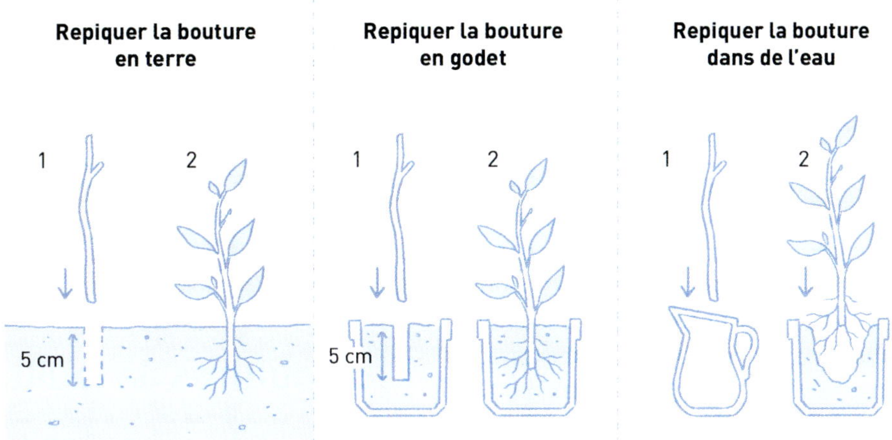

Bouture en pot

C'est la même technique que précédemment, on rajoute si possible au mélange 30 % de sable pour faciliter le drainage. Cette technique permet de faire aussi des boutures à l'étouffée.

Prélevez des morceaux d'environ 15 centimètres de long en commençant juste sous un départ de feuille. Gardez 1 à 3 feuilles sur la tige. Enfoncez les tiges dans le pot de terreau. Vous pouvez si vous utilisez de l'hormone de bouturage faire des prétrous avec un crayon.

Enfin, avec un sac congélation, recouvrez entièrement vos futures plantes. Laissez faire la nature dans un coin de jardin ou de balcon au nord lumineux mais sans soleil direct. Privées d'air, les boutures émettent rapidement leurs racines. Deux ou trois semaines après on enlève les sacs et le tour est joué !

Bouturage dans l'eau

Un grand nombre de plantes dont on met une tige dans l'eau produira des racines. Mais en général ces racines développées dans l'eau ne sont pas viables dans le terreau et la plante devra en produire de nouvelles lors de la transplantation dans le terreau. Pour la réussir, plongez la bouture dans un verre d'eau entouré de papier aluminium (les racines poussent dans le noir) ; changez l'eau tous les 5 jours maximum.

Les boutures de racines

Plusieurs plantes se bouturent uniquement ou plus facilement par des racines. On coupe 5 à 10 cm de racines et on les met sous 2 ou 3 cm de terreau. Cette technique s'utilise surtout pour les plantes vivaces extérieures.

Les plantes concernées

Acanthes, anémones du Japon, asclépiades, astilbes, brunneras, gaillardes, géraniums, hémérocalles, pavots, phlox, pivoines, sauges, etc.

Les boutures de feuilles

Plusieurs plantes se bouturent uniquement ou plus facilement par des feuilles. On met alors la feuille dans ou sur le terreau, selon la plante, après avoir sectionné à quelques endroits les nervures de la feuille. On fixe alors la feuille sur le terreau humide et on traite ensuite comme les autres boutures.

Les plantes concernées

Bégonias, gloxinias, kalanchoés, péperomias, violettes africaines.

Figure 14-4 Bouturer par les feuilles

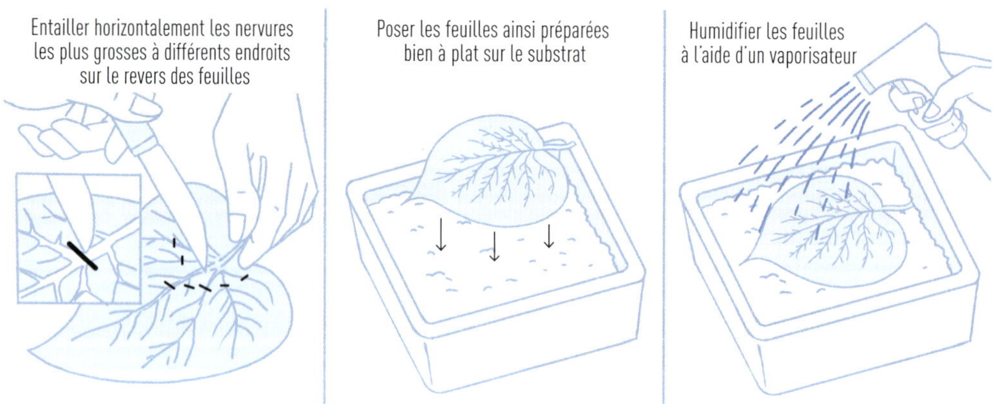

Les boutures de cactus

Figure 14-5

Bouturer une plante-cierge

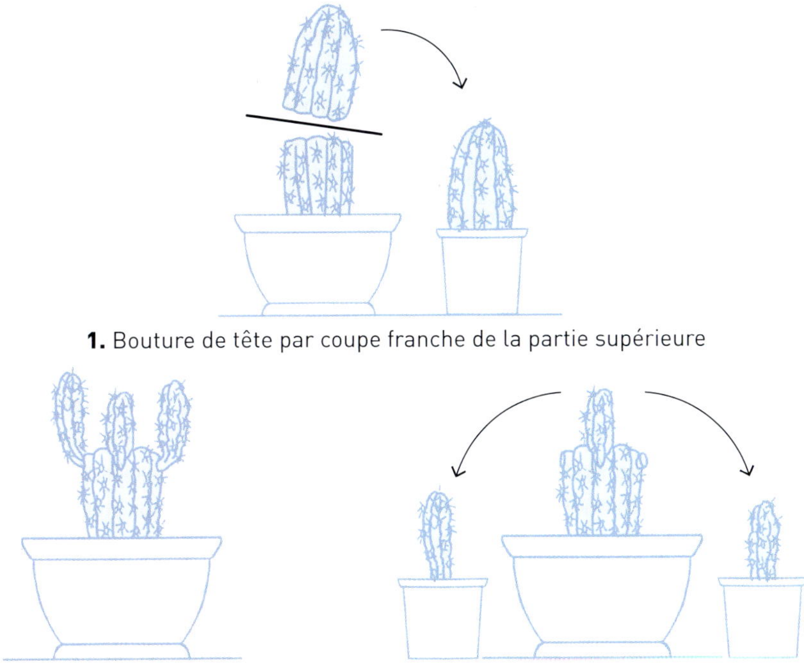

1. Bouture de tête par coupe franche de la partie supérieure

2. Émission de jeunes rameaux sur la plante initiale

3. Prélèvement de ces jeunes rameaux pour bouturage et obtention de nouvelles plantes

Cette technique de bouturage est assez facilc :

Prélevez une tige en la découpant proprement à l'aide d'un couteau propre et bien tranchant. Laissez cicatriser à l'air libre, en déposant vos boutures dans un plat parfois 3 à 4 semaines. Une fois que les plaies sont bien sèches, déposez vos boutures dans un pot rempli à 50 % de terreau et à 50 % de sable. Attendez que les racines apparaissent pour les planter.

Astuces

Pour faire une bouture de cactus sans vous blesser et sans endommager la plante mère, munissez-vous d'une feuille de journal et pliez-la en plusieurs épaisseurs : vous pourrez ainsi manipuler votre cactus en toute sécurité.

DANS CE CHAPITRE

Le marcottage aérien

•

Le marcottage par couchage

•

Le marcottage par cépée

Chapitre 15
Le marcottage

Le marcottage s'inspire de la multiplication végétative par rejet. C'est une manière de créer les conditions d'une branche qui se retrouve au sol, puis recouverte de feuilles mortes et de terre, va développer des racines pour s'implanter dans le sol. Une championne de cette propagation végétative est la ronce ! Mais vous avez aussi le lierre. Toutes les plantes et les arbres ont la faculté de se multiplier par marcottage, spontanément ou artificiellement. Le marcottage résultera de l'enracinement d'une branche couchée sur le sol alors qu'elle sera toujours reliée à la plante mère. Ce moyen de multiplication des plantes est très utile quand certains sujets ont du mal à reprendre par boutures.

Le marcottage aérien

Figure 15-1
Réussir son marcottage aérien

1. Le choix de la branche

2. La décortication annulaire

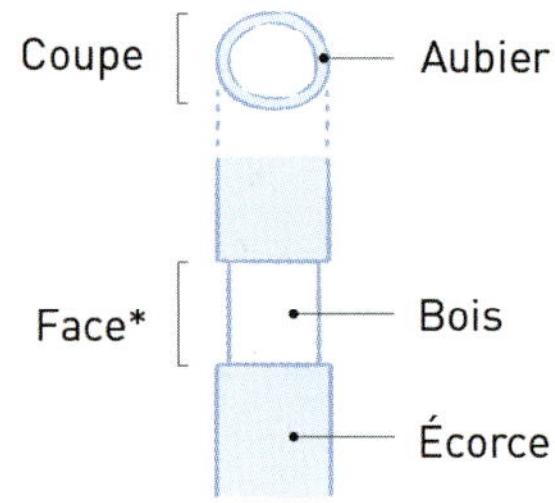

*Deux fois le diamètre de la branche

3. La mise en place

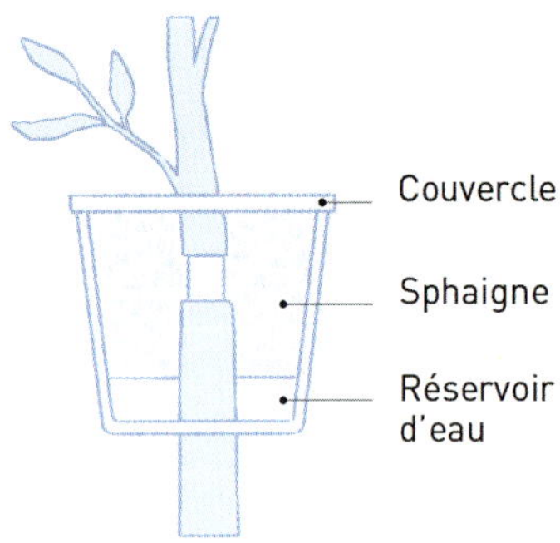

4. Le résultat

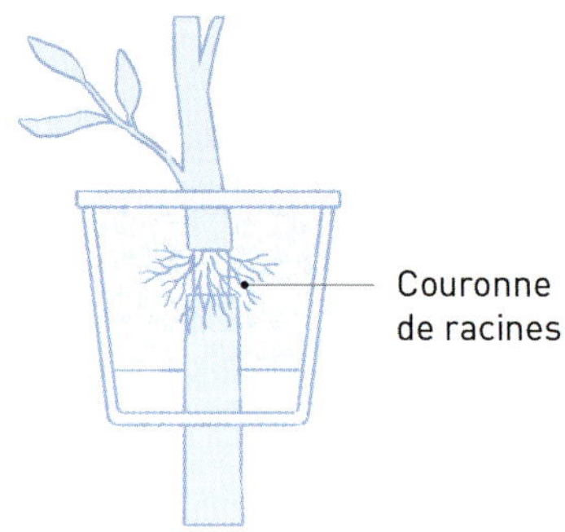

5. La mise en pot

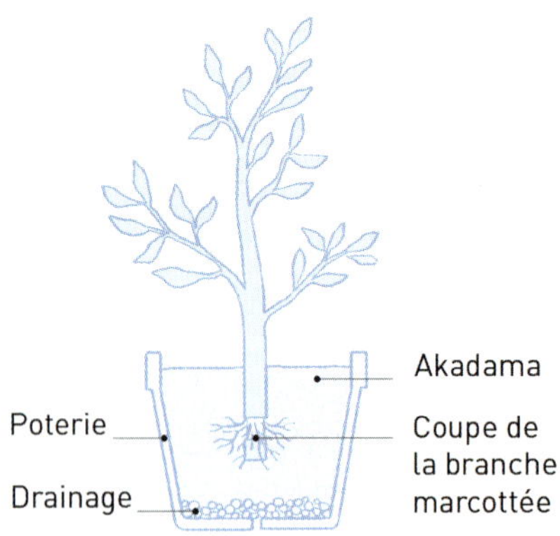

Le marcottage aérien en 5 étapes

1. Choix de la branche et de l'emplacement de la marcotte.
2. Réalisation de la décortication annulaire.
3. Mise en place du système de marcottage.
4. Après plusieurs semaines les racines sont formées, la marcotte est prête à être mise en pot de culture.
5. Mise en pot, après avoir scié délicatement la branche à 2 ou 3 cm, en-dessous de la partie écorcée.

Quand une plante d'intérieur se dégarnit complètement à la base alors que le sommet est encore très beau, ou encore qu'elle menace de percer le plafond tellement elle est devenue haute, vous pouvez la récupérer avec un marcottage aérien. Suivez les étapes du schéma ci-contre. Il est important de ne pas atteindre le cœur de la branche. La plaie est badigeonnée d'une hormone de bouturage (voir p. 118) et maintenue bien ouverte par une allumette.

Plantes concernées

Dieffenbachia, caoutchouc, ficus, dracaena, areca.

Le marcottage par couchage

Sélectionnez un rameau sans fleur qui soit vigoureux et en bonne santé, pas trop éloigné du sol afin qu'il puisse toucher la terre sans se casser. Pensez à bien retirer toutes les feuilles de la branche.

» Dans un trou d'à peu près 5 cm de profondeur, maintenez la branche au sol grâce à un crochet en U ;

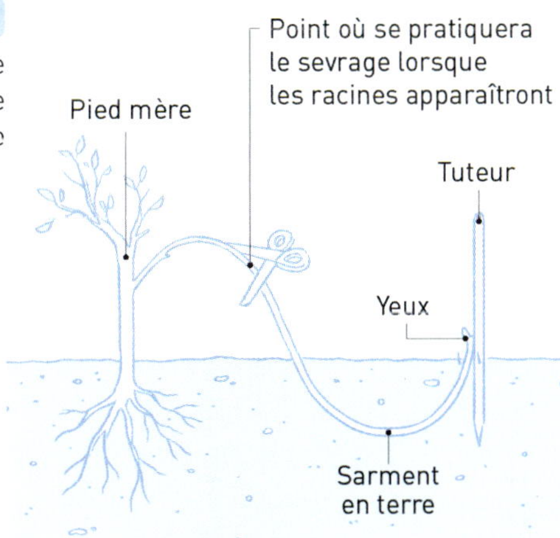

Figure 15-2
Première étape du marcottage par couchage

» Pour aider le nouveau plant à faire des racines, vous pouvez entailler légèrement le stolon sur le dessous, pas plus que la moitié de la largeur du rameau, et y insérer un grain de blé pour maintenir l'ouverture. Ainsi, les racines pousseront plus facilement. L'entaille doit être oblique et juste en dessous d'un nœud de feuille ;

» Mettez en place un tuteur afin de relever et fixer l'extrémité du rameau ;

» Une fois cette étape réalisée, il est temps de recouvrir avec du terreau et de bien arroser ;

» Quelques mois plus tard, vous pourrez couper le nouveau plant de sa plante mère.

En général, la nouvelle plante sera identique à son parent. Il y aura plus de réussite avec les plantes marcottées qu'avec celles qui ont été bouturées.

Figure 15-3 Deuxième étape du marcottage par couchage

Le marcottage par cépée

Après avoir rabattu un arbre ou un arbuste à quelques centimètres du sol, vous recouvrirez la souche avec de la terre qui formera une butte. Quelque temps après, il va se former une grande quantité de bourgeons qui s'enracineront très facilement dans la terre rapportée sur la souche.

DANS CE CHAPITRE

Choisir les bonnes plantes

•

Choisir le bon moment

Chapitre 16

Diviser des végétaux

La méthode de multiplication la plus facile pour les plantes vivaces consiste à diviser les touffes. Elle ne demande pas spécialement d'expérience, et ne requiert pas d'outils spéciaux ni nombreux.

C'est aussi un moyen d'échange et de lien social très intéressant que l'on retrouve souvent dans les trocs de plantes.

Choisissez les conditions en procédant en dehors des périodes de végétation et de croissance importante. L'idée c'est de pratiquer cette opération soit dès le premier sourire du printemps, soit au tout début de l'automne pour laisser la plante s'enraciner avant les grands froids.

À savoir

En réduisant le format d'une plante, la division lui redonne de l'espace pour poursuivre son développement, tout en ravivant son fleurissement qui s'amoindrit avec les années.

Comment faire ?

Choisissez un jour frais ou nuageux pour éviter que les racines ne sèchent. La division de la plante expose les racines à l'air. Il vaut mieux que vous divisiez la plante lorsque les températures sont plus fraîches et lorsque le ciel est couvert plutôt que lorsqu'il fait soleil car cela permettra d'éviter que les racines ne sèchent pendant qu'elles se retrouvent en dehors du sol.

Figure 16-1

Division d'une plante

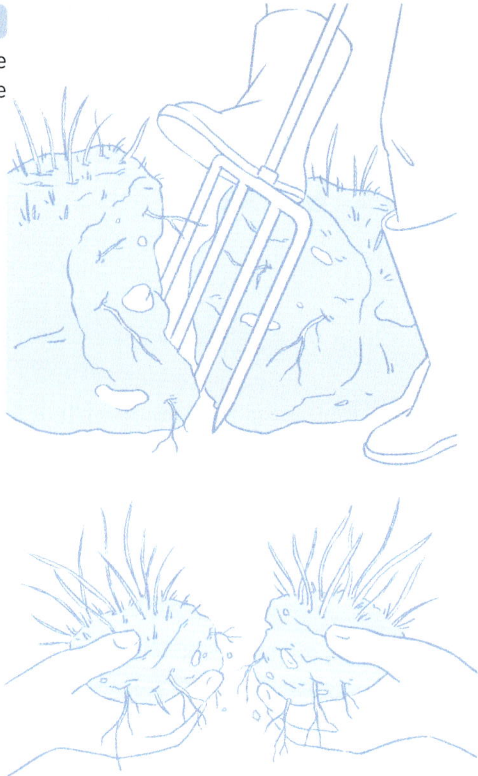

Recherchez dans votre jardin une plante robuste et saine. À l'aide d'une fourche-bêche ou d'une bêche plate tranchante, cernez la motte et soulevez la souche de la plante mère en conservant la majorité des racines. Attention ! la terre doit être souple et humide, sans être détrempée non plus, pour qu'elle soit plus facile à travailler. Divisez ensuite à la main ou avec un outil tranchant la motte en deux ou quatre morceaux suivant sa taille. Triez et éliminez les parties malades (généralement au centre) pour ne conserver que les plus saines (souvent sur les extérieurs). Replantez ces nouveaux bébés dans une autre partie du jardin ou en godets recyclables et terminez par un arrosage copieux.

À savoir

Chaque nouvelle plante sera replantée avec du terreau neuf dans un autre pot. Vous arroserez régulièrement le nouveau plant.

Les plantes adaptées

Marguerite, nepeta, achillée, aster, hémérocalle, rudbeckia, véronique, campanule, hosta, hélianthus, géranium vivace, salicaire, monarde…

Les graminées, bambous, rosiers anciens, plantes aromatiques, légumes perpétuels et arbustes à floraison printanière.

DANS CE CHAPITRE

Les méthodes en fonction des plantes

Le Saca'patates

Chapitre 17

Le regrowing

Cette tendance venue des États-Unis consiste à faire grandir ses propres légumes à partir des trognons, tiges ou autres épluchures. Un rebord de fenêtre suffit pour cultiver en permanence. Ne jetez plus vos restes de légumes, de fines herbes, ils ont droit à une seconde vie : faire pousser des légumes à partir des restes, c'est possible.

On peut même les associer pour créer une mini scène d'intérieur.

Le regrowing apprend à chacun à contourner des logiques de surconsommation imposées par les grandes enseignes. Ce recyclage côté cuisine permet d'instaurer une consommation responsable tout en mettant à profit le maximum qu'un végétal peut offrir.

La recette est simple : il suffit d'immerger légèrement la partie inférieure du légume dans un bocal en verre, et de le placer sur le rebord d'une fenêtre ou dans un endroit bien exposé à la lumière naturelle. Je conseille de mettre un petit morceau de charbon dans l'eau pour la purifier afin de moins la changer. L'eau remplacée doit être à la même température que celle qui abreuve vos plantules : laissez-la reposer 3 h avant de faire le changement d'eau.

Astuces

Exposez vos futurs protégées au soleil avec 20 °C minimum. Placez vos plantes sur le rebord d'une fenêtre. Veillez à changer l'eau tous les jours pour ceux qui doivent être placés dans l'eau, en particulier le poireau ou la ciboule. Attention ! peu d'eau au fond du bocal, sinon risque de pourriture.

La laitue

Conservez le cœur de votre laitue et placez-le dans un bol avec un peu d'eau. Au bout de quelques jours vous verrez apparaître des minuscules feuilles qui continueront à pousser.

Le chou chinois

Placez le cœur de votre chou chinois dans un bol avec un peu d'eau au bord d'une fenêtre.

À savoir

Il est préférable d'opter pour un produit biologique ou issu de l'agriculture raisonnée. Pourquoi ? Tout simplement parce que ledit légume n'aura peu ou pas été modifié et aura été quasi épargné par les pesticides. Enfin, les produits hybrides ne repoussent pas d'eux-mêmes.

Le poireau

Le poireau n'a rien à envier à son cousin, l'oignon vert, puisque sa repousse est tout aussi rapide. Conservez l'extrémité de ce dernier avec ses racines que vous recouperez de moitié et le tour est joué.

À savoir

Une étude récente vient de confirmer que le bicarbonate est très efficace pour débarrasser les fruits et légumes des pesticides. Ce sont des chercheurs de l'université du Massachusetts dans la région d'Amherst qui ont montré que quelques cuillères de bicarbonate pouvaient éliminer jusqu'à 96 % des pesticides d'un légume.

Les oignons

Les oignons blancs sont les légumes les plus rapides à faire repousser. En seulement cinq jours ils retrouvent une seconde jeunesse. C'est la même technique que pour le poireau.

Les pommes de terre

C'est une technique très ludique à faire avec vos enfants. Vous pouvez la faire pousser dans l'eau mais l'idéal c'est un pot en terre cuite rempli de bon terreau : plantez et découvrez une jolie plante d'intérieur. Une tour à patates sur le balcon serait l'idéal.

Saca'patates

Stop au gaspillage ! Grâce au Saca'patates d'Ecovi®, recyclez vos pommes de terre germées et récoltez quelques mois après de belles pommes de terre fraîches.

Introduisez votre terreau fabriqué maison dans le Saca'patates et plantez vos pommes de terre germées. Veillez à mettre les germes vers le haut. Après 60 à 90 jours, récoltez vos pommes de terres fraîches.

L'ananas

L'ananas donnera une très belle plante d'intérieur. N'hésitez pas à en planter une chez vous : coupez la partie supérieure de votre fruit afin de ne garder que la partie feuillue. Retirez les premières feuilles à la base et trempez le morceau dans un peu d'eau. Après quelques jours, des petites racines vont apparaître. Il sera alors temps de le replanter en terre. Les anciennes feuilles vont faner et mourir, mais de nouvelles pousseront. Vous pourrez avec de la chance et un peu de chaleur voir apparaître chez vous un petit ananas.

L'avocat

Il est facile de faire pousser un avocat. Pour ce faire, plantez trois cure-dents dans le noyau et placez-le sur un verre d'eau rempli jusqu'au bord. Le côté « plat » du noyau doit être en contact avec l'eau et le côté « pointu » à l'air libre. Rajoutez de l'eau dès que l'avocat n'est plus en contact. Après quelques semaines de patience, le noyau va se fendre et une tige va en sortir. Viendront ensuite les feuilles. C'est à ce moment que vous pourrez retirer les cure-dents et planter votre avocat en terre dans un pot.

Le kiwi

Retirez les graines grâce à un cure-dents et déposez-les sur un coton humide. Dès qu'elles germent, plantez-les dans du terreau et vaporisez dès que la terre est sèche. Séparez les plants dès que ceux-ci sont assez vigoureux.

La prune

Plantez un noyau dans un mélange de terre et de sable dans un pot hermétique.

Humidifiez la terre et placez le tout en bas du réfrigérateur. Dès que le noyau aura germé, vous pourrez alors le replanter dans un pot et attendre que l'arbre grandisse pour donner de bons fruits.

Les carottes

Coupez le haut des carottes et laissez tremper ces morceaux dans de l'eau en laissant dépasser l'extrémité. Après quelques jours, vous allez voir les fanes repartir. Dès qu'elles sont assez grandes, plantez vos morceaux de carotte en terre, dans un pot assez profond ou directement dans votre potager.

La patate douce

Plantez des allumettes ou des cure-dents dans une patate douce et laissez tremper une extrémité dans l'eau. Peu de temps après, des racines vont naître et des feuilles apparaîtront vers le haut. Il sera alors temps de la planter dans un pot ou dans le jardin.

Le gingembre

Lui aussi peut donner vie à une jolie plante d'intérieur. Plantez un morceau de racine dans un pot avec du terreau. Soyez patient : il faut en moyenne 6 à 10 mois pour voir naître une nouvelle plante.

Le fenouil

Idéal pour se lancer dans l'aventure du « regrowing » : il a la repousse facile. Conservez le cœur du bulbe et placez-le dans un peu d'eau au soleil. Vous verrez apparaître ensuite des petites pousses sur le côté du bulbe.

La citronnelle

La citronnelle a accès facilement à une seconde vie et repousse à la vitesse d'une mauvaise herbe. Placez les restes d'une branche dans un verre d'eau et posez-le dans un endroit ensoleillé. La plante va développer des racines et lorsqu'elle atteindra 30 centimètres, vous pourrez l'utiliser pour votre consommation quotidienne.

Partie 5
Le compostage

Dans cette partie...

Le compost fait partie des priorités du jardinier qui veut limiter son impact sur la nature : il permet de nourrir son jardin toute l'année mais aussi de diminuer considérablement la production d'ordures ménagères. En effet, chaque poubelle est remplie en moyenne de 30 % de déchets organiques (épluchures, marc de café, vieux fruits...), dont beaucoup finissent dans le bac gris puis à l'incinérateur. Ces déchets sont pourtant valorisables grâce au compostage, ce qui représente 20 fois moins de CO_2 émis.

Nous verrons dans cette partie toutes les formes que peut prendre un composteur : au jardin, en appartement, à la japonaise ou à l'occidentale, vous aurez toutes les options pour choisir celle qui convient à vos envies et à vos contraintes. Apprenez également à trier ce que vous y jetez pour éviter les mauvaises odeurs ou les mouches. Si les petites bêtes ne vous repoussent pas, nous verrons également les possibilités d'adopter des vers pour constituer un lombricomposteur ; vous pourrez même en fabriquer un vous-même !

DANS CE CHAPITRE

Matières azotées et matières carbonées

•

L'action des micro-organismes

Chapitre 18

Pourquoi composter

Le compostage est la technique naturelle de décomposition des déchets organiques en compost 100 % naturel par l'action des micro-organismes (vers de terre, insectes, bactéries, champignons...). Cela permet d'obtenir un support de culture et un fertilisant 100 % naturel que vous pouvez utiliser toute l'année dans votre jardin.

Tout le monde peut se lancer dans l'aventure : petits balcons ou petites cuisines, vous trouverez le composteur adapté à votre façon de vivre.

Réussir son compost

La réussite de votre compost dépend de votre disponibilité : laisser s'entasser des aliments organiques et revenir plusieurs mois plus tard n'est pas la meilleure idée. Le compost prend également racine dans votre cuisine : essayez de choisir des aliments exempts de pesticides (un excès de produits phytosanitaires aura une influence directe sur les micro-organismes qui « digèrent » notre compost).

Pour réussir notre compost, il faut chercher le bon équilibre entre le carbone et l'azote : il faut entre 25 à 35 fois plus de carbone que d'azote pour avoir un bon dosage. Attention ! cela ne veut pas dire qu'il faut 20 à 30 fois plus de matière carbonée que de matière azotée : chaque matière contient de l'azote et du carbone. Les matières plus riches en carbone sont plus longues à se décomposer, mais les matières azotées vont les aider dans cette décomposition.

Astuces

Pour être sûr d'avoir un bon rapport, il faut arriver à $1/3$ de matière carbonée ou déchets bruns pour $2/3$ de matière azotée ou déchets verts.

Le compost agit directement sur tous les micro-organismes du sol en passant par la micro-faune et la macro-faune. Les bactéries, par exemple, vont permettre de dégrader le compost et s'adaptent à toutes les températures de ce dernier. Les champignons vont aider les bactéries lorsqu'elles ne peuvent pas, par exemple, dégrader certaines matières organiques. Mais la réussite de tous passe par l'humidité : un compost sec mettra en péril l'ensemble de la chaîne de décomposition. Maintenez toujours un taux d'humidité entre 50 % et 70 %.

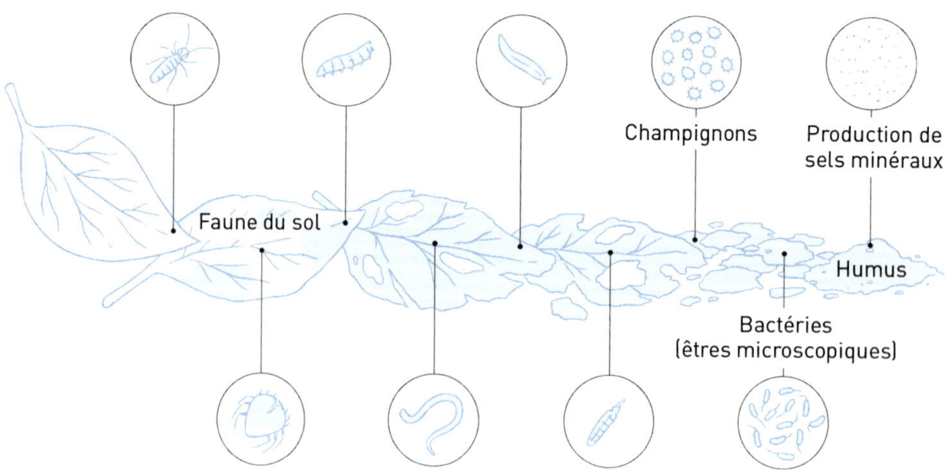

Figure 18-1 Dégradation du végétal

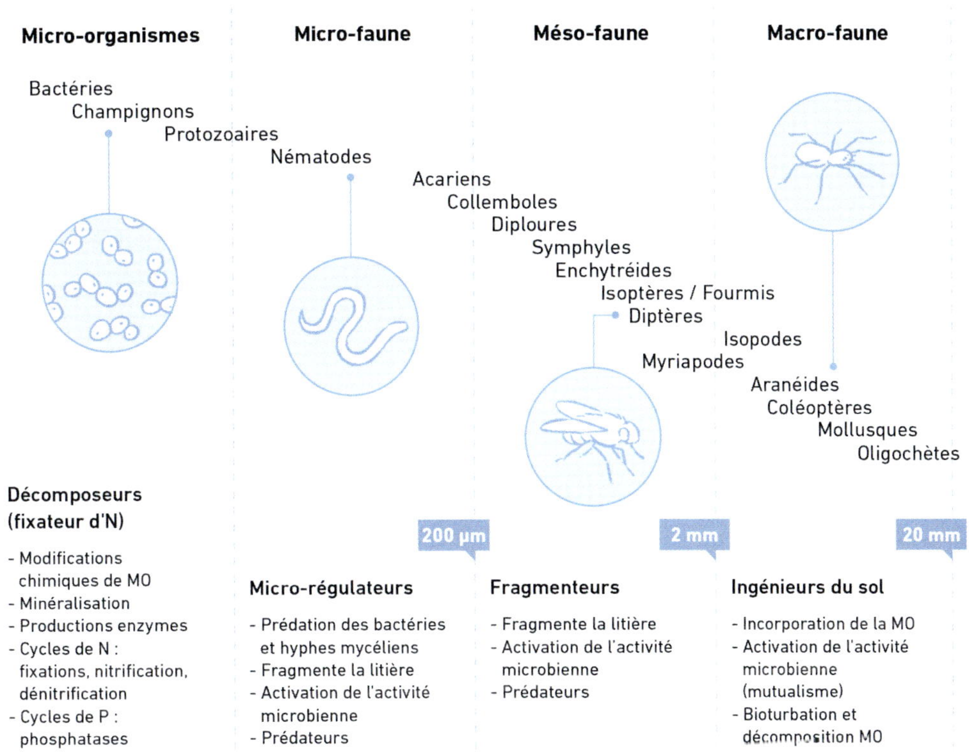

Figure 18-2
Micro- et macro-organismes

DANS CE CHAPITRE

Le compostage à froid

•

Le compostage à chaud

•

Intérêts et tri des déchets

Chapitre 19

Différentes techniques de compostage

Le compostage à froid

Le compostage à froid est l'une des solutions lorsqu'on possède un tout petit jardin.

Cette technique est la manière de composter qui se rapproche le plus de ce qui se passe dans la nature, mais elle nécessite beaucoup d'entretien contrairement au compostage à chaud. Elle est plus lente, entre 1 et 6 mois selon le climat et la matière organique à décomposer.

La technique des trois bacs

Le compostage à froid demande très peu de matériel. L'idée, c'est de posséder un composteur – acheté, fabriqué par vos soins ou offert par la commune – en bois (on ne connaît pas encore vraiment les transferts de plastique qui peuvent s'opérer).

Prenez trois bacs ouverts sur le dessus (pour bénéficier de l'air et de l'eau), qui reposeront directement sur le sol de votre jardin.

Figure 19-1
La technique des trois bacs

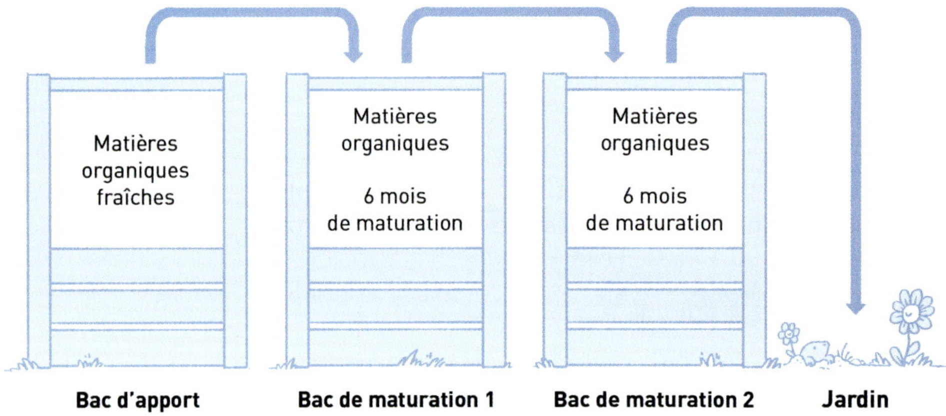

Astuces

Le bac 1, ou bac d'apport, conserve tous les déchets verts et bruns de votre consommation. Vous pouvez le brasser une fois par semaine pour ne pas qu'il se tasse trop. Une fois à moitié rempli, vous pouvez le transvaser dans le bac 2, ou bac de maturation 1. Pendant 6 mois vous ne toucherez plus à cette matière organique, les micro-organismes et vers de terre s'en chargeront. Pendant ce temps-là vous pouvez continuer à alimenter le bac 1. Six mois plus tard, transférez le bac 2 dans le bac de maturation 2 pour finaliser encore pendant 6 mois la décomposition avant de l'utiliser pour votre jardin, et ainsi de suite.

Retourner et transvaser le compost va lui donner une bonne aération et dégager moins de « mauvaises odeurs ».

L'humidité est très importante dans le compostage : si vous souhaitez absolument mettre un couvercle sur les bacs, il faut arroser au minimum 1 fois tous les 15 jours et surtout en été. Vous pouvez également mettre de la paille sur les deux bacs de maturation afin de garder l'humidité et d'arroser moins souvent.

Le compost arriver à maturité doit être frais au toucher, ne doit pas être détrempé ou créer du jus.

Le compostage à chaud

Ce type de compostage s'adresse aux personnes qui ont de la place pour installer 2 silos de 1 m² au sol chacun (1,2 à 1,8 m de haut) côte à côte, un grand jardin à alimenter en humus, beaucoup de matières à composter et du temps à y consacrer. En effet, il ne suffit pas d'entasser les déchets et d'attendre car le compostage à chaud commence lorsque vous avez suffisamment de matériaux pour remplir un silo afin d'avoir la masse critique de chaleur nécessaire à un démarrage efficace, où les micro-organismes thermophiles, amateurs d'air et de chaleur seront les rois !

Le compostage à chaud permet d'obtenir, d'après mon expérience, l'un des meilleurs composts : en l'espace de 30 jours maximum et, surtout, sans attirer les nuisibles comme les mulots, les rats, à condition toutefois de le brasser fréquemment, tous les 3 à 4 jours pour favoriser sa maturation.

Réussir son compost

Regroupez les ingrédients « verts » et « bruns » en quantité suffisante pour représenter environ 1 m³. Un volume trop faible ne retiendra pas suffisamment de chaleur pour bien détruire les bactéries nuisibles qui y sont présentes, et, à l'opposé, un volume trop important aura tendance à se compacter et à obstruer le passage de l'air.

Coupez ou déchiquetez en petits morceaux le plus de matériaux possible, ils constitueront un meilleur habitat pour les organismes décomposeurs et retiendront plus facilement l'humidité. Déposez 15 cm de matières brunes imbibées d'eau, 15 cm de matières vertes, et mélangez les deux couches.

Alternez et mélangez les couches de chaque type de matériau, en ajoutant de l'eau au besoin jusqu'à ce que la pile atteigne une hauteur d'au moins 1 mètre.

Figure 19-2

Que mettre dans son compost

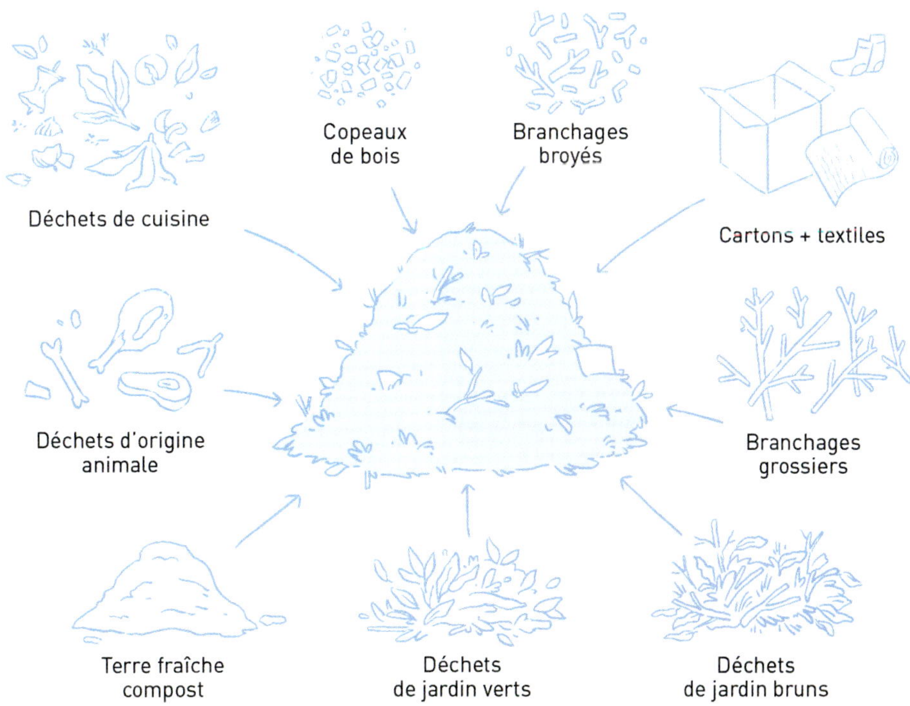

Recouvrez la pile pour la protéger contre les pluies intenses et attendez. Le compost devrait commencer à se réchauffer au bout de quelques heures.

Le composteur rotatif

Ce système à tambour vous permet de transformer très facilement les déchets de cuisine et de jardin en compost de haute qualité. Je vous conseille le système à deux bacs et portes coulissantes pour plus de facilité : dans une chambre « active », vous collectez vos déchets, tandis que le compost repose et mûrit dans l'autre chambre.

Pour réussir ce compost dans ce cylindre, mélangez 2 parties « vertes » et 2 parties « brunes ». Puis tournez maintenant... Ce composteur tourne sur lui-même grâce à un axe central, qui repose sur un cadre tubulaire stable. Une rotation quotidienne fournit beaucoup d'oxygène et, avec les parois du tambour noir, accélère le processus de décomposition.

Que composter ?

- Broyats, branchages, déchets verts ;
- Cartons sans encre ;
- Déchets de cuisine, fanes de légumes ;
- Feuilles mortes ;
- Marc de café et filtres ;
- Fientes du poulailler ;
- Sciures, copeaux de bois ;
- Coquilles de noix ;
- Paille, foin ;
- Cheveux, plumes, poils ;
- Litière biodégradable pour chat.

À éviter dans le compost

- Plantes montées en graine ;
- Renouée du Japon (qui repart de rien) ;
- Peaux d'agrume, trop acides ;
- Peaux d'avocat ou de banane, trop dures ;
- Produits laitiers, ils attirent les rats ;
- Restes alimentaires de viande ou de poisson ;
- Plantes malades ;
- Feuillages persistants.

Figure 19-3 Que mettre dans son compost ?

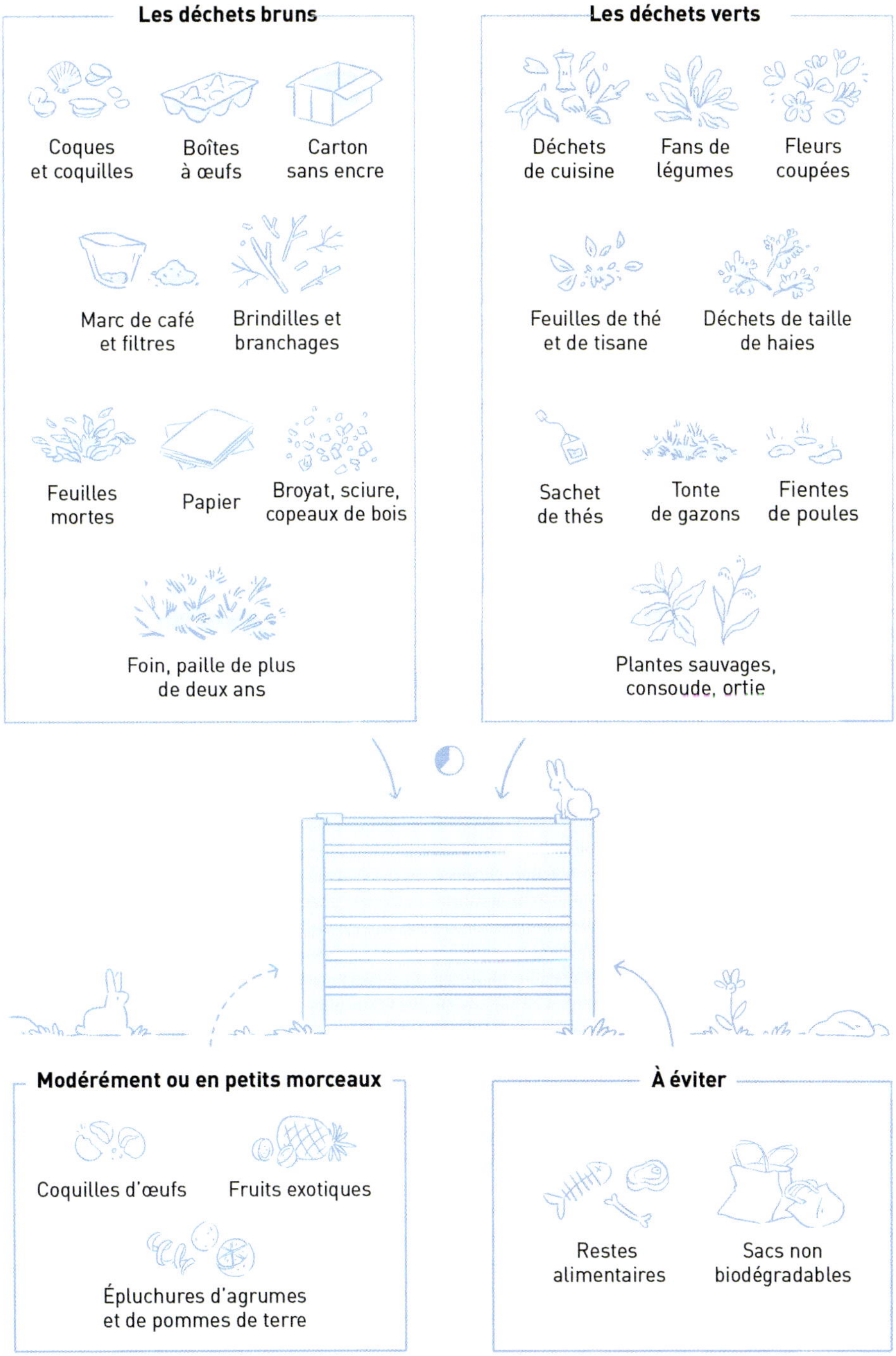

Le compostage de surface

C'est une technique d'une simplicité à toute épreuve : un peu surprenante au départ, mais avec des aspects très positifs sur votre sol à long terme.

Il s'agit de reproduire ce que fait la nature en déposant des végétaux ou déchets verts directement sur le sol de son potager ou de ses passifs et de laisser faire la nature. Les végétaux déposés sur l'ensemble de l'année vont se décomposer en surface et à court terme améliorer la terre.

La bonne période

Cette méthode permet de garder les macro- et les micro-organismes présents. Idéalement, il faut le faire toute l'année, même l'hiver. La décomposition des végétaux verts va en effet dégager une légère chaleur qui permettra de stimuler le tissu biologique du sol.

Il existe deux périodes idéales pour commencer le compostage de surface :

» En automne avec tous les déchets organiques comme les feuilles, les déchets de taille sont plus nombreux à cette époque ;

» Après une culture quand la récolte de légumes est terminée. Par exemple, au lieu d'arracher les tiges et de s'en débarrasser, coupez-les au ras du sol et dispersez-les en surface après les avoir découpées si besoin en morceaux plus petits.

Ne jamais utiliser de plantes qui vous paraissent en mauvaise santé ou malades. Sinon vous contribuez à l'expansion des parasites et surtout des maladies cryptogamiques.

Quelles matières utiliser ?

» Le Bois Raméal Fragmenté ou plus simplement appelé BRF : ce sont vos tailles d'arbustes d'ornement, d'arbres, d'espèces ligneuses… que vous allez broyer avec un broyeur efficace ;

» La fabrication de son propre composteur, c'est pratique et cela fonctionne merveilleusement en surface (Pour une épaisseur de 5/10 cm) ;

- Les mauvaises herbes arrachées : attention toutefois de ne pas mettre celles qui ont monté en graines (épandez d'une épaisseur de 2/3 cm) ;
- Les tontes de pelouses en couches fines et si possible sèches (2/3 cm) : de grosses épaisseurs humides se décomposeraient difficilement et dégageraient à moyen terme une odeur nauséabonde ;
- Les tiges des légumes les plus ligneux découpées comme par exemple les haricots, les pois, les courgettes, courges, tomates... (10 cm) ;
- Les plantes qui améliorent le sol comme la bourrache, l'aneth, l'ortie, la consoude...(2/3 cm) ;
- On peut aussi tenter quelques matières d'origine animale bien décomposées et compostées comme les fientes de poules ou le fumier de cheval (5 cm). Toutes les fanes de légumes (5/10 cm).

Semer et planter

Une fois que vous avez étalé ces couches...

- Ne faites rien, c'est la nature qui travaille pour vous et le temps... ;
- N'enfouissez jamais ce compostage de surface sous la terre, vous obtiendriez l'effet inverse ;
- Pour planter, écartez avec les mains ou avec un râteau la surface choisie puis procédez à la mise en place des nouveaux plants ou semis et remettez le paillis en faible couche sur un semis et en entourant légèrement les jeunes plants.

Après quelques saisons vous n'aurez plus besoin de travailler votre sol en profondeur. Il sera plus souple à travailler. Si le sol reste compact en surface, utilisez une grelinette pour aérer légèrement la surface, sans perturber les micro-organismes vivant dans les 5 premiers centimètres du sol.

Avantages du compostage de surface

- Moins de travail au jardin, vous pouvez enfin profiter de votre hamac ;
- Tout ce qui est coupé est remis en place directement sur le sol ;
- Stimulation des micro- et macro-organismes qui amélioreront la biodiversité de votre jardin ;
- Amélioration significative de la structure du sol : elle sera plus aérée, moins compacte et plus facile à travailler.

Figure 19-4

Les bienfaits du compost de surface

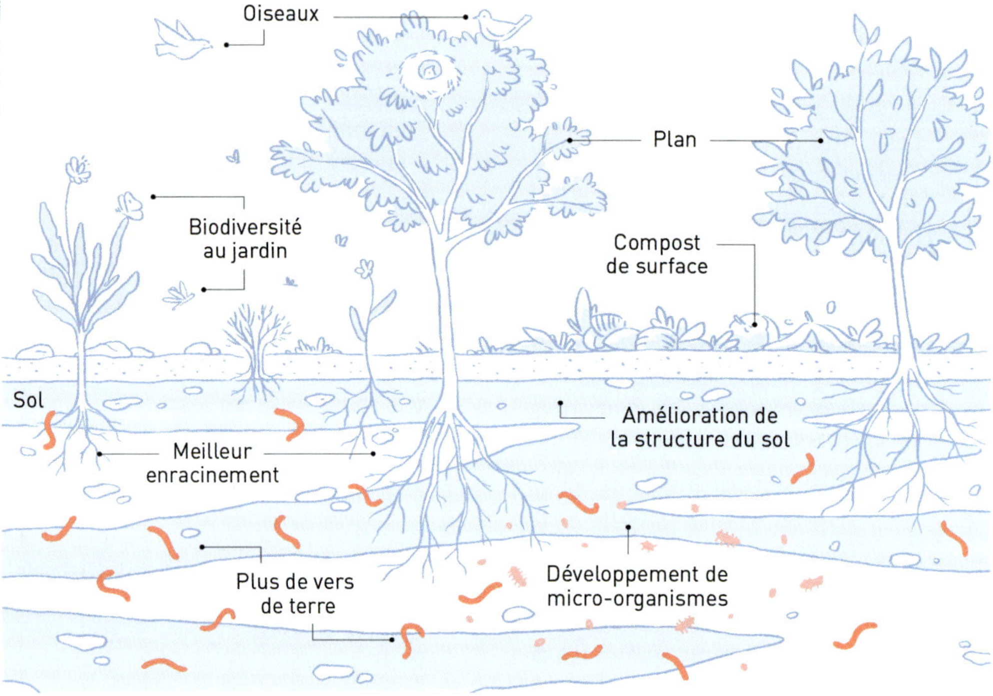

Figure 19-5

La méthode Bokashi en détail

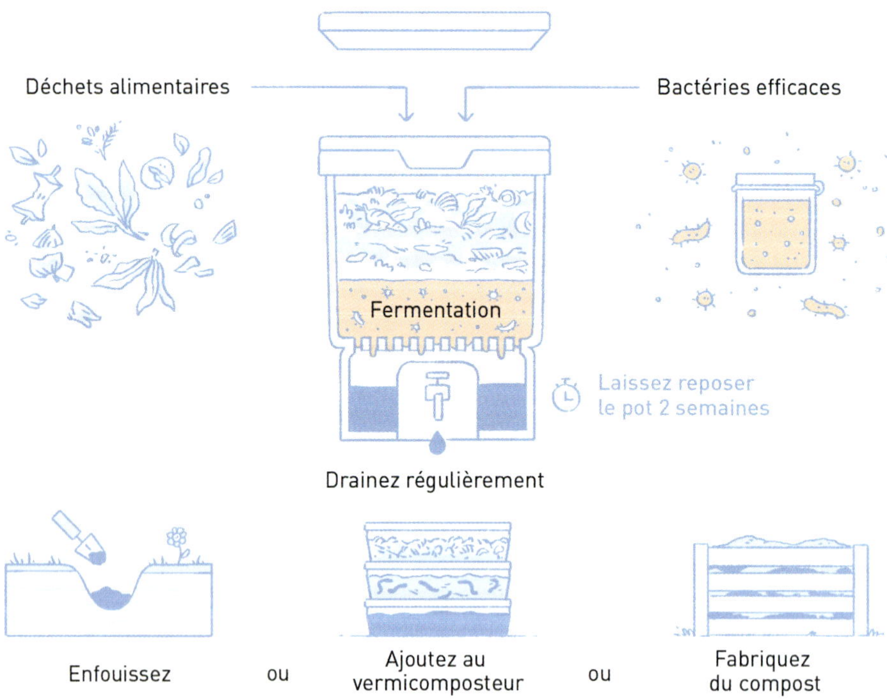

La méthode Bokashi

Méthode japonaise peu connue, signifiant littéralement « matière organique fermentée », le compost se fait ici sans apport d'oxygène, contrairement au compost tel qu'on le connaît en France. Il est capable de rendre au sol certaines de ses propriétés qui s'épuisent au fil du temps. C'est le résultat de la fermentation des déchets organiques grâce à des micro-organismes. Tous les déchets de cuisine peuvent être utilisés, et pas seulement les déchets de fruits et légumes, mais également de viandes, de poissons et de produits laitiers.

Le principe est simple : dans un seau prévu à cet effet (hermétique avec un robinet), on entasse les couches de déchets organiques en alternant avec quelques cuillères d'un activateur bien spécifique à base de son de riz ensemencé de levures ; celui-ci aura pour rôle d'apporter de « bons » champignons à l'ensemble du compost afin que le processus de fermentation se mette en place. À chaque nouvelle couche de déchets, on tasse bien le tout et on referme le seau jusqu'à la prochaine fournée.

Dès les trois premiers jours, il est déjà possible de récupérer le liquide de fermentation, aussi appelé thé de compostage. Ce liquide doit être dilué à 1/100 (10 ml de liquide pour 1 l d'eau) pour fertiliser vos plantes. Sans être dilué, ce liquide peut être utilisé dans vos canalisations afin d'éviter la formation de bouchon ou bien afin de faire disparaître les odeurs désagréables.

Une fois rempli, comptez encore deux semaines complètes pour que la fermentation soit vraiment optimale. Lorsque le processus est arrivé à maturation, il est possible d'enterrer la masse de déchets dans le sol pour amender une terre avant les plantations ou bien, si vous avez un compost traditionnel dans votre jardin, versez son contenu dans votre composteur extérieur pour enrichir votre compost. Les déchets se décomposent, ils ne pourrissent pas et, de ce fait, ils conservent toutes les vitamines et substances minérales qui seront utiles pour fertiliser vos plantes. La transformation s'appelle la méthanisation (décomposition des matières organiques grâce à des bactéries qui agissent en l'absence d'air).

Déchets appropriés

Fruits et légumes, aliments cuisinés, viande cuite et crue, fromage, poisson, yaourt, œufs, petits os, pain, marc de café, sachets de thé, fleurs fanées, mouchoirs en papier (en petite quantité).

Déchets à proscrire

Liquides (vinaigre, jus, lait, huile, eau), os de grande taille, cendre, excréments d'animaux, papier.

DANS CE CHAPITRE

Placer et nourrir son lombricomposteur

•

Formats alternatifs de lombricompost

Chapitre 20

Le lombricompostage

Le lombricompostage est, tout simplement, les déjections des vers de compost ! Ce procédé naturel de bio-oxydation permet de transformer et de stabiliser la matière organique inutilisée (déchets de cuisine) en éléments utiles pour nourrir les plantes grâce à l'action des vers de compost aidés par certains micro-organismes.

On obtient alors un produit stable et mature, de couleur noire et d'aspect grumeleux, avec une bonne odeur de sous-bois et de terre fraîche.

Comment ça marche ?

Contrairement au compostage, le lombricompostage ne sent pas mauvais. Ce sont les vers qui, grâce aux enzymes contenues dans leur intestin, suppriment l'odeur de décomposition des déchets en les digérant.

Le lombricompostage est le meilleur amendement organique, naturel et biodynamique : issu de la digestion d'un animal vivant, il est stable et directement assimilable par les plantes, contrairement au compost obtenu par fermentation, qui peut prendre plusieurs mois à se stabiliser.

À la pêche aux bons vers

Misez sur le ver du fumier (*Eisenia foetida*) qui mesure généralement de 4 à 5 centimètres de long et a pour habitude de se trouver dans les 20 premiers centimètres en dessous du niveau du sol. Son corps est composé de 105 segments constitués chacun d'un anneau pourpre. Son poids moyen est d'environ 300 mg. On peut les commander sur Internet, en jardinerie, ou les trouver dans les trocs de plantes.

Où placer votre lombricomposteur ?

Vous pouvez placer les bacs en extérieur, mais attention aux gelées et aux fortes températures (les vers meurent en dessous de 0 °C et au-dessus de 35 °C). Le lombricompostage peut parfaitement être placé à l'intérieur de la maison car il ne dégage pas d'odeur. C'est même l'endroit idéal ! La température restant assez constante, les vers se développeront de façon optimale.

Pour le démarrage, prélevez une petite poignée de terre sur un sol exempt de pesticides pour installer les micro-organismes dans votre lombricomposteur. Ajoutez aussi des morceaux de carton non encré qui fourniront des matières carbonées pour faciliter la digestion des vers de terre.

Que mettre dans son lombricomposteur ?

Les déchets végétaux qui ne dégagent aucune odeur fétide (épluchures de légumes, pelures de fruits, trognons de pommes, fanes de carottes, de radis...), les alvéoles à œufs non plastifiés, le carton sans encre préalablement humidifié, le papier absorbant usagé, les coquilles d'œufs, les filtres à café usagés et le marc de café. Évitez les agrumes, la viande, les oignons, les œufs, les produits laitiers, les légumes cuits, le sel, les huiles et les épices.

Stimulez votre compost avec une poignée d'orties qui boosteront votre préparation.

Vous pouvez ajouter des granulats d'alfalfa : c'est de la luzerne compressée et souvent vendue en jardinerie comme aliments pour les lapins. Attention ! misez sur le bio pour respecter votre « chaîne environnementale ». La richesse en azote de ce complément vous permet de booster aussi votre compost : 1 poignée pour démarrer puis 1 poignée tous les mois en entretien.

Si vous avez trop de déchets à mettre dans le lombricomposteur, vous pouvez les stocker dans une boîte hermétique au réfrigérateur. Attention ! évitez de donner des déchets pourris et d'ajouter des branchages de l'extérieur car cela pourrait transmettre des germes qui viendraient déstabiliser l'équilibre du système. Par ailleurs, il n'est pas conseillé de couper vos déchets en tout petits morceaux. Cela empêcherait l'air de bien circuler.

Ses petits plus

- Peu encombrant ;
- Réduction des déchets culinaires ;
- Auto fabrication d'un engrais bio et gratuit ;
- Pas d'odeurs désagréables s'il n'est pas exposé en pleine chaleur.

Le City Worms®

Le City Worms® est un lombricomposteur 100 % fait en France (en Languedoc-Roussillon et dans le Tarn). Il est fabriqué avec du plastique 100 % recyclé et 100 % recyclable. Il a été pensé pour être très simple à utiliser.

Figure 20-1 Fonctionnement du City Worms®

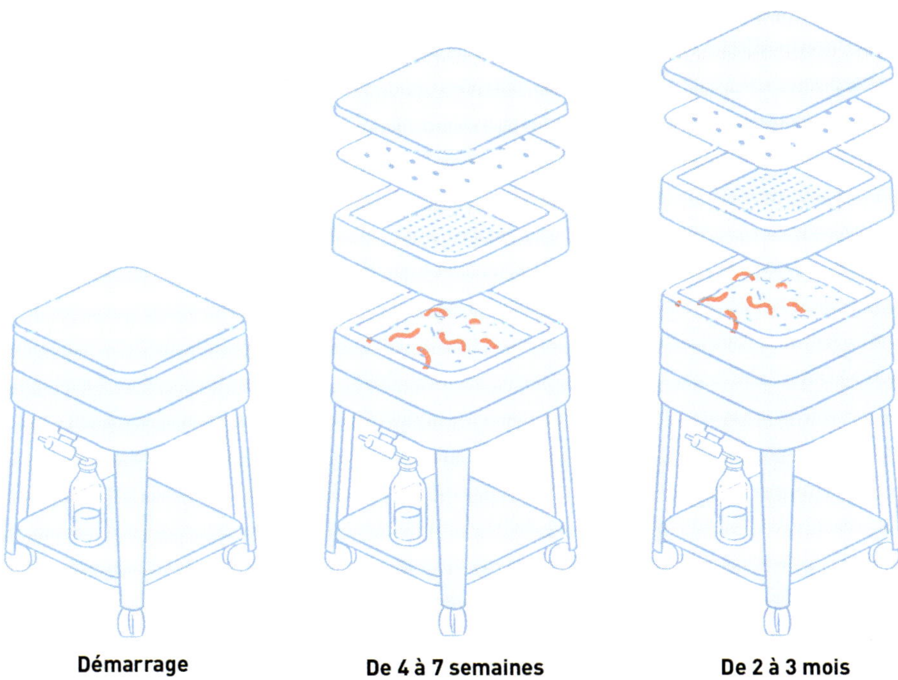

Le potager composteur

À noter

Alliant plaisirs gustatifs, visuels et lombricompostage, il s'adapte dans toutes les situations pour balcon et terrasse, en ville comme à la campagne. Un concept original qui vous permet de cultiver votre jardin, tout en recyclant vos déchets ménagers !

Il s'agit d'un carré potager dans lequel vous pouvez faire pousser des plantes aromatiques, légumes, petits fruits. Un lombricomposteur est intégré derrière le bac à jardin : jetez-y vos déchets organiques au quotidien pour récupérer de l'engrais à utiliser pour vos plantes.

C'est un procédé de recyclage utilisant la voracité de vers composteurs, au joli nom de « Eisenia foetida ». Ces vers ont la particularité de se nourrir uniquement de matières organiques, allant jusqu'à avaler l'équivalent de leur poids en une journée. Ils s'attaquent donc rapidement aux déchets avant toute décomposition : vous obtenez ainsi un engrais 100 % naturel, et surtout inodore.

Les vers de compost appartiennent à l'espèce Eisenia, la plus couramment utilisée parmi les 3 ou 4 espèces utilisées pour le lombricompostage à travers le monde car ils se trouvent sur tous les continents. Ces vers sont robustes et peuvent survivre en conditions extrêmes.

La quantité de bio déchets que la colonie va pouvoir digérer va dépendre très sensiblement du nombre d'individus dans la colonie et de la température extérieure.

En supposant que le composteur a été bien démarré progressivement et que la colonie s'est bien acclimatée et multipliée, la capacité potentielle oscillera autour de 500 g/jour, soit 3,5 kilos de déchets organiques par semaine.

- **Concept innovant, simple et pratique ;**
- **Pour une culture sédentaire ou nomade ;**
- **S'intègre facilement sur un balcon ou une terrasse ;**
- **Bois imputrescible issu de forêts gérées durablement ;**
- **Bac mobile équipé de 4 roues directionnelles ;**
- **Produit breveté fabriqué en France.**

Dimensions : 75 x 54 x 64 cm.

Pour en savoir plus sur les concepteurs du potager composteur Easy Jardin, rendez-vous sur www.neomind-shop.com

Le pot de fleurs composteur

Il fallait y penser, les « transfarmers » l'ont fait. Cette jeune équipe française a imaginé le pot de fleurs composteur : un objet qui allie le principe de lombricompostage à la culture de plantes, reproduisant ainsi le cycle de la nature.

À l'intérieur, les épluchures sont compostées et offrent aux plantes l'eau et les nutriments nécessaires à leur épanouissement. Le système est autonome, fabriqué localement et composé de matériaux naturels, la terre cuite poreuse, qui va se patiner avec le temps et l'usage.

L'humidité qu'il contient va s'infiltrer, se répartir, se stocker et s'évaporer de façon aléatoire et continue sur toute la surface du pot. La couleur et l'aspect de l'objet évolueront en permanence et selon que vous aurez choisi une teinte claire, foncée ou bien naturelle, les réactions seront différentes. Marbrures et motifs se formeront sur les parois, suivant un rythme variable. Ils donneront à votre pot son identité propre et toute sa singularité.

Le compost doit être récolté occasionnellement et peut servir à enrichir la terre d'autres plantes. Ne jetez plus vos épluchures à la poubelle, donnez-les à vos vers et à votre plante !

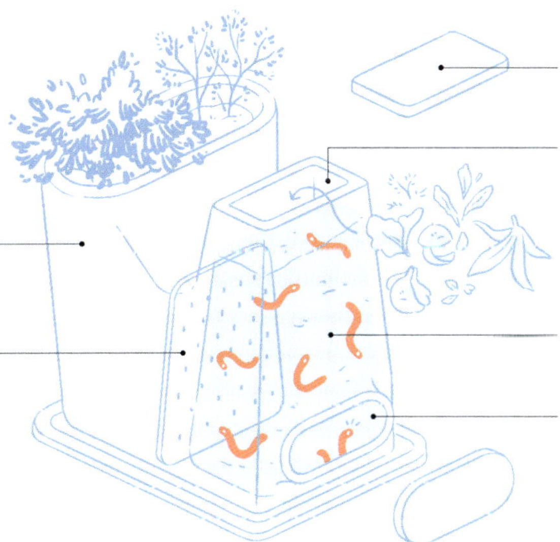

Figure 20-2 Un pot de fleurs composteur en action

DANS CE CHAPITRE

Faire son composteur

•

Faire son lombricomposteur

•

Choisir les bons matériaux

Chapitre 21

Fabriquer soi-même

Un composteur en palettes recyclées

Il est très facile d'acheter un composteur du commerce mais aussi ultrasimple de trouver des palettes pour réaliser soi-même son composteur. À partir de palettes en bois non consignées et non traitées, vous pourrez construire votre composteur, très facilement, pour une somme modique et pour un résultat plutôt esthétique par rapport à ceux du commerce en plastique vert, noir ou bleu.

Équipement :

- » Scies circulaire, sauteuse et égoïne ;
- » Perceuse ;
- » Forets ;
- » Serre-joints ;
- » Marteau, masse et burin plat ;
- » Règle, feutre, équerre ;
- » Niveau ;
- » Pinceau ;
- » Solivettes ;
- » Grillage à poule ;
- » Charnières pour le couvercle (option).

Les étapes de fabrication

Choisissez un endroit ombragé à l'abri des regards mais accessible facilement.

- » Assemblez les 5 palettes formant le contour du composteur à l'aide des équerres métalliques (attention ! utilisez de nombreuses vis inoxydables pour garantir la solidité de l'ensemble) ;
- » Fixez une structure grillagée sur les parties intérieures de style grillage à poule pour éviter les débordements de matières organiques sur le côté tout en permettant l'aération du compost ;
- » Montez la palette de séparation des deux compartiments du composteur et la couvrir de grillage ;
- » Réalisez l'habillage décoratif en vissant les solivettes sur les façades extérieures du composteur ;
- » Vous pouvez aussi réaliser un couvercle optionnel en bois marin pour terminer le tout (il faudra veiller dans ce cas-là à l'humidité du compost).

Figure 21-1

Un composteur en palettes recyclées

Les petites palettes sont faciles à trouver, mais celles mesurant 2,5 m de long sont à récupérer dans la cour des matériaux des grandes surfaces de bricolage. Il ne faut pas hésiter à demander : non consignées, elles sont fournies gracieusement. En revanche, celles consignées (marquées ou peintes) restent la propriété du fabricant.

À savoir

Les palettes sur lesquelles il n'y a aucune inscription ne sont pas traitées. Leur bois aura donc une durée de vie limitée en extérieur.

Celles avec la mention « HT » (Haute Température) ont été traitées par la chaleur, donc sans produit chimique, et auront une durée de vie plus longue. En revanches, les palettes marquées « MB » (bromure de méthyle) sont traitées chimiquement et je vous déconseille de les utiliser pour ce projet.

Un lombricomposteur

Figure 21-2 Étapes de fabrication

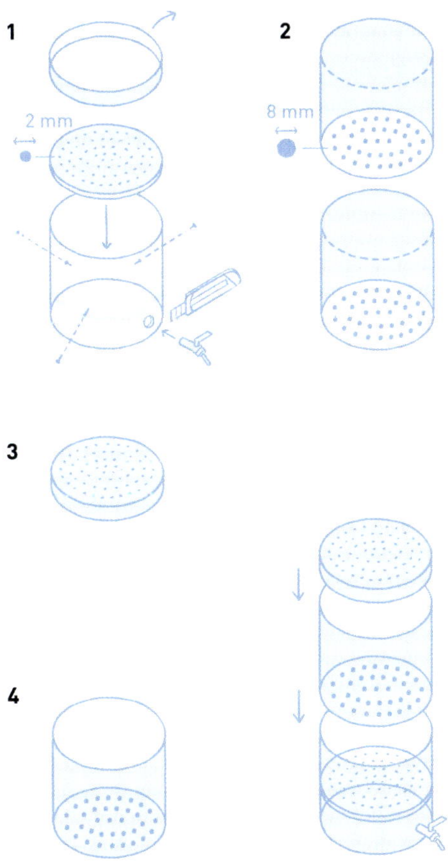

Étape 1 : le réceptacle
À l'aide du cutter, insérer le robinet de cuve dans le bas d'un des seaux ou d'une des boîtes de rangement.
Percer de nombreux trous de 2 mm dans un couvercle. Les trous de 2 mm permettent le passage du jus de compost mais pas des vers.
Découper le pourtour du couvercle pour qu'il puisse s'insérer dans le seau réceptacle.
À l'aide de 3 vis, créer un plan support afin que le couvercle tienne juste au-dessus du robinet de cuve.

Étape 2 : étages
Percer le fond des 2 autres seaux de nombreux trous de 8 mm.
Ces trous permettent le passage des vers d'un étage à l'autre.

Étape 3 : couvercle
Percer de nombreux trous dans un couvercle d'un des pots.
Ces trous permettent l'entrée d'air dans le lombricomposteur sans que les vers puissent sortir.

Étape 4 : assemblage
Placer un des étages sur le réceptacle avec le couvercle par-dessus. Garder l'autre étage de côté pour le moment.

Vous êtes un bricoleur, vous avez envie de vous lancer dans l'aventure active du « zéro déchet » voici une petite astuce facile à reproduire sur une petite surface pour composter ses déchets verts et bruns.

Liste des matériaux

- 3 seaux alimentaires de récupération (5 à 15 l) et leur couvercle ;
- Vous pouvez également utiliser 3 ou 4 grandes boîtes de rangement empilables les unes sur les autres avec un couvercle (comme sur la figure 21-3) ;
- Un robinet de cuve ;
- Une poignée de vers de fumier ;
- 3 vis ;
- Déchets organiques type épluchures ;
- Déchets organiques type feuilles sèches, pailles.

Liste des outils

- Perceuse ;
- Foret de 2 mm et 8 mm ;
- Crayon, cutter.

Pour les étapes de construction, référez-vous à la figure 21-2.

Il existe beaucoup de conteneurs différents pour faire du lombricompostage. Ils peuvent être en bois, en plastique, en polystyrène avec un aspect plus ou moins esthétique selon les constructeurs. On en trouve même qui sont incorporés dans un banc ou une table… Mais un bac de poissonnier (avec le couvercle) peut suffire.

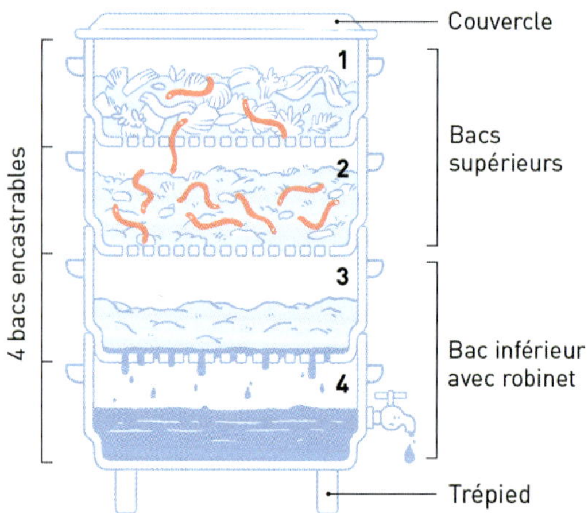

Figure 21-3 Une autre technique : avec des bacs de poissonnier

Étape 1 : Les déchets organiques sont coupés en petits morceaux et déposés dans le lombricomposteur

Étape 2 : Lombricompost en cours de fabrication

Étape 3 : Compost prêt à être utilisé (3 mois minimum après la mise en service – utilisation comme un compost classique)

Étape 4 : Engrais liquide produit excellent fertilisant à utiliser dilué (pour les plantations d'intérieur notamment)

DANS CE CHAPITRE

Faire du thé de compost

•

Utiliser son terreau

Chapitre 22

Utiliser son compost

Le thé de compost

Le thé de compost, appelé TCO (Thé de Compost Oxygéné) ou JCAA (Jus de Compost à Aération Active), est un liquide extrait du compost en présence d'oxygène. À l'inverse des purins obtenus par trempage sans air forcé, le thé de compost oxygéné n'a pas de mauvaises odeurs. Il contient des ingrédients nutritifs solubles et des micro-organismes vivants.

Il constitue une bonne alternative aux purins de végétaux. C'est un bon fertilisant pour une terre abîmée par de nombreuses années de pratiques conventionnelles.

Comment le fabriquer ?

- Prendre un seau de 10 l avec de l'eau aux ¾. Utilisez de l'eau de pluie ou de source ;
- Ajoutez environ 500 g de compost bien décomposé et brassez ;
- Mélangez le tout régulièrement 2 ou 3 fois par semaine (jusqu'au fond du seau), certains utilisent une « pompe bulleur » à aquarium qui offre de très bons résultats ;
- Laissez 20 jours environ à une température ambiante aux alentours de 18-20 °C. Votre thé sera prêt ;
- N'utilisez pas de seau en zinc ou en métal, filtrez le tout et stockez votre « or liquide » dans des bidons en plastique. Utilisez cette préparation sous 20 jours.

Votre thé est prêt lorsque vous voyez apparaître de grosses bulles en surface. Votre mélange doit sentir bon la forêt. Si votre thé sent le purin, recommencez car l'utiliser aurait l'effet inverse.

Débutez par un apport en arrosage au printemps puis par des pulvérisations et/ou arrosage tous les 1 à 2 mois si vous le pouvez, jusqu'en automne.

À savoir

Pour une bonne utilisation du thé de compost oxygéné, mettez ¼ de thé pour ¾ d'eau de pluie ou de source. Bien filtrer pour le pulvériser sur les feuilles, ou moins filtrer pour l'arrosage au sol.

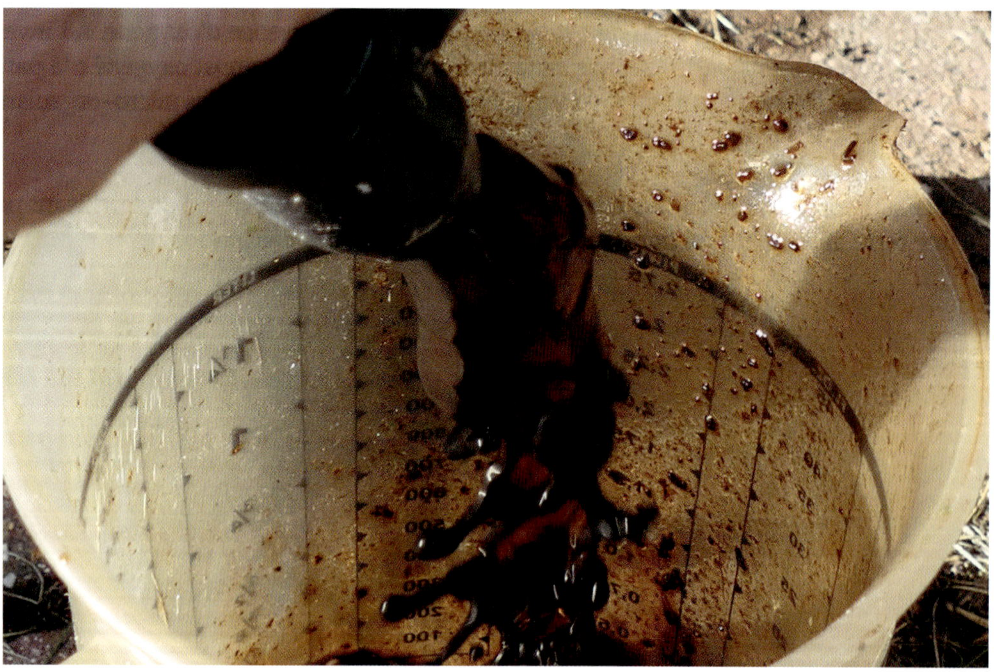

Le compost

Le compost, une fois mûr, va apporter beaucoup de bienfaits à votre sol :

- Amélioration de sa structure et ameublissement, facilitant la pénétration des racines ;
- Une meilleure perméabilité de l'eau et de l'air ;
- Une meilleure rétention d'eau ;
- Apporte des substances nutritives et fertiles ;
- Évite ou corrige l'acidité du sol ;
- Apporte de la biodiversité et augmente l'activité biologique du sol ;
- Limite les développements pathogènes ;
- Favorise les relations symbiotiques.

Le compost à chaud s'utilise au jardin de la même manière que le compost à froid.

Comment l'utiliser ?

Une fois mûr, le compost va apporter beaucoup de bienfaits à votre sol en corrigeant son acidité, en améliorant sa capacité à retenir de l'eau disponible pour vos plantes, par exemple. C'est la « bonne matière » à tout faire. On peut enrichir ses arbustes en l'épandant au pied de ces derniers en couche épaisse de 5 à 10 cm.

Vous pouvez « surfacer » ou épandre 3 à 5 cm de cet or noir au pied de vos plantes en pot aussi bien en intérieur qu'en extérieur. Attention de ne pas en mettre trop prêt des jeunes tiges ou celles gorgées d'eau car le compost peut les brûler.

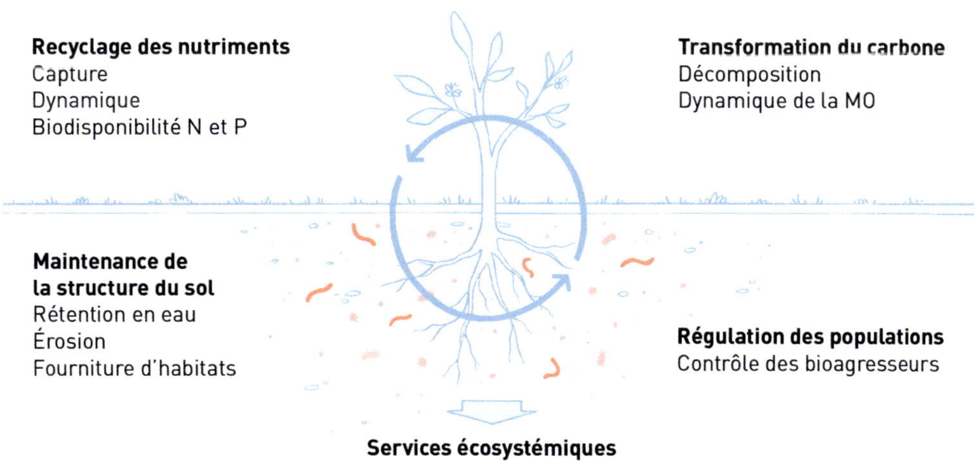

Figure 22-1 Bienfaits du compost au jardin

Partie 6

L'arrosage au jardin

Dans cette partie…

L'eau est une ressource précieuse : c'est elle qui nous a donné la vie et qui nous permet de la garder ! Mais entre les pesticides qui pénètrent les nappes phréatiques, le gaspillage d'eau par un arrosage non raisonné et la mauvaise utilisation de l'eau potable à la maison, nos réserves aquatiques sont bien malmenées.
Nous verrons dans cette partie différentes méthodes pour économiser l'eau au jardin, notamment en choisissant la méthode d'arrosage adaptée à votre espace, et quelques aménagements possibles pour récupérer l'eau de pluie ou les eaux grises.

DANS CE CHAPITRE

Raisonner son arrosage

Suivre la croissance de la plante

Chapitre 23

L'eau au jardin

Chaque jour, un Français consomme 150 litres d'eau potable mais n'en boit que 1 %. Une partie de cette eau potable est utilisée au jardin, pour arroser des plantes qui se contenteraient simplement d'eau douce. Alors, comment faire pour économiser l'eau du jardin ?

Un jardin bien organisé pour économiser l'eau, c'est d'abord une réflexion sur la plantation des végétaux pour mieux réduire l'impact du jardinage sur l'environnement. Première étape : le choix des espèces. Dans la nature, chaque plante est adaptée aux caractéristiques de son milieu, dont la disponibilité en eau. La même logique peut s'appliquer au jardin en choisissant des plantes adaptées à la sécheresse dans les lieux où l'eau pose problème, tandis que les lieux plus humides accueilleront les plantes plus exigeantes (voir chapitre 16). Dans le cas d'un potager très gourmand en eau, vous pouvez rassembler les espèces selon leurs besoins en eau. Cela permet de rationaliser l'arrosage pour que les plantes profitent au maximum de l'eau selon leurs besoins. À chaque légume ses besoins en eau. Le céleri, par exemple, adore l'eau, il préfère avoir ses racines humides en permanence. Les légumes aux racines peu profondes, tels les oignons et les choux, ont besoin d'un arrosage de surface. Rassembler les plantes selon leurs besoins vous permet de réduire considérablement la facture d'eau.

Arroser en fonction du stade de croissance de la plante

» Les semis et les graines en phase de germination : les semis ont de petits systèmes racinaires proches de la surface du sol ; ils ont besoin, comme les graines en train de germer, d'arrosages fréquents et non invasifs qui leur permettent de faire leurs pousses et de sortir du sol rapidement. S'il ne pleut pas, on arrosera 1 fois par jour à une profondeur de 5 à 10 cm ;

» Les plants : après repiquage en pleine terre, il faut arroser copieusement les plants et recommencer régulièrement au bout de quelques jours jusqu'à une profondeur de 15 cm environ. L'arrosage fréquent aide les racines à se remettre du choc du repiquage ;

» Les plants installés : les plants qui sont présents dans le potager depuis des semaines et se sont remis du choc du repiquage ont besoin d'être arrosés en profondeur. Essayez d'imprégner le sol sur 15 cm au moins. En arrosant autant, on encourage les racines à pénétrer à une profondeur à laquelle elles seront moins exposées à la sécheresse. Laissez le sol sécher légèrement pendant 3 à 6 jours s'il ne pleut pas avant d'arroser de nouveau, toujours en profondeur.

Ne pas trop arroser

À la louche, les légumes ont besoin de 2,5 cm d'eau par semaine, et jusqu'au double de ce nombre en climat torride ou venteux. Si la pluie n'apporte pas cette quantité d'eau, il faut irriguer. Voici les principales règles à suivre :

» Le doigt du jardinier est le meilleur capteur d'humidité. Enfoncez le doigt dans le sol : si celui-ci est sec au toucher à 8 ou 10 cm de profondeur, il est temps d'arroser ;

» Le flétrissement des plants est un des signes que le sol a besoin d'eau. Un plant flétrit quand on voit ses feuilles ou ses tiges pencher et sembler molles.

Un trou profond rempli de terre ameublie et de terreau ou de compost riche en nutriments favorisera la croissance des racines en profondeur, ce qui assurera l'autonomie de la plante vis-à-vis de l'eau. En surface, une cuvette en terre autour de la plante, constituée d'un creux entouré d'un petit remblai, conservera l'eau d'arrosage au plus près de la plante. Une cuvette est en somme une rigole circulaire creusée autour du plant et que l'on remplit d'eau. La cuvette a un diamètre d'une soixantaine de centimètres autour du plant. On trouve dans le commerce des cuvettes en plastique que l'on place sous des plants telles la tomate et l'aubergine. Les cuvettes improvisées s'avèrent particulièrement efficaces pour arroser des plantes rampantes comme le melon et la courgette en début de saison. Une fois le plant adulte, ses racines s'étendent au-delà des limites de la cuvette et la méthode cesse d'être efficace.

« Si quantitativement certaines plantes sont constituées à 99,99 % de molécules d'H_2O, 99,99 % de leurs besoins vitaux sont alors liés à l'eau, question de bon sens... »[1]

« ... Contrainte par sa fixité et assujettie aux conditions du milieu, le seul possible d'une plante pour réguler sa température corporelle et maintenir la constance de sa mer intérieure est son système de transpiration. Mais sans pompe (cœur) pour faire circuler ses liquides, elle utilise également la transpiration pour aspirer l'eau de la terre et la faire remonter jusqu'à ses feuilles. Et plus elle transpire, plus elle a besoin d'eau. Et plus il fait chaud, plus elle a besoin d'eau. Si à cela on rajoute que plus une variété est étrangère au milieu, plus rapidement elle sera mise en difficulté et affaiblie par manque ou excès d'eau, ou par manque ou excès de chaleur, alors l'absurdité de creuser l'écart entre le milieu et les exigences génétiques de la plante saute aux yeux... »

Une fois les plantations faites, plusieurs techniques limitent la consommation d'eau sans priver les végétaux. Le binage tout d'abord, qui brise la croûte de terre de surface et ameublit le sol. Ce travail du sol facilite la pénétration de l'eau et limite l'évaporation en réduisant les remontées d'eau par capillarité. C'est pour cette raison que les jardiniers disent qu' « un binage vaut deux arrosages ».

Adapter son arrosage

Les premiers arrosages d'une nouvelle plante sont cruciaux. Il faut donc arroser souvent après la plantation, puis de manière abondante mais espacée dans le temps.

- » L'arrosage devra se faire en fonction de la météo ;
- » L'arrosage par système de goutte-à-goutte est plus économe que celui par aspersion, lui-même plus efficace que l'arrosage par inondation ;
- » Un système de collecte et de stockage de l'eau pluviale dans une citerne fournit une eau gratuite pour le jardin ;
- » Pailler est une solution très efficace pour économiser l'eau au jardin.

1 Extrait de *La Permaculture, de 1978 à nos jours*, Christophe Gatineau, Les Éditions du sable fin, 2015.

Système d'arrosage au goutte-à-goutte

DANS CE CHAPITRE

Sélectionner les plantes résistantes

Choisir sa méthode d'arrosage

Chapitre 24

Économiser l'eau

Les sécheresses estivales conduisent parfois les communes ou préfectures à limiter la consommation d'eau des particuliers. Réchauffement climatique oblige, de plus en plus de régions françaises seront touchées par ces mesures. Il est particulièrement important d'utiliser l'eau intelligemment pour ménager à la fois cette précieuse ressource et votre budget personnel. Voici quelques conseils qui vont dans le bon sens :

Attention

- » Plantez des variétés qui préfèrent la sécheresse ;
- » Réduisez vos espacements. Cela aide le sol à conserver son humidité et à rester frais en lui donnant de l'ombre ;
- » Réfléchissez au meilleur moment d'arroser, surtout par aspersion. Quand il fait chaud et sec, on perd moins d'eau par évaporation si on met en route ses asperseurs dans la fraîcheur matinale et non dans la chaleur de l'après-midi. En outre, l'arrosage du matin laisse aux feuillages le temps de sécher avant la tombée de la nuit, et c'est la nuit que les champignons se régalent des feuilles mouillées ;
- » N'arrosez pas en plein soleil car vous risquez de brûler la plante ;
- » Au printemps et en automne, arrosez le matin ;
- » En été, arrosez le soir après 20 h ;
- » Installez un arrosage automatique ;
- » Des arrosages fréquents et superficiels font plus de mal que de bien. Ils encouragent les racines à se développer tout près de la surface du sol, l'endroit où elles sont le plus exposées à la dessiccation. Mieux vaut arroser plus rarement mais en profondeur. Les racines suivent l'eau ; vos plants auront un système

racinaire profond, moins sensible au dessechement ;

» Si le sol de votre jardin est argileux ou pentu, assurez-vous que l'eau d'arrosage ne ruisselle pas ou arrosez en plusieurs fois ;

» Essayez d'arroser en pluie fine ou au goutte-à-goutte afin de ne pas gaspiller l'eau en arrosant les allées. Utilisez un minuteur pour ne brancher votre arrosage que lorsqu'il fait frais et seulement pour la durée nécessaire ;

» Récupérez l'eau de pluie et les eaux grises de la maison, par exemple les eaux de rinçage de la vaisselle et la dernière eau de rinçage du linge (voir les chapitres 24 et 25).

Le xéropaysagisme (*xeros* signifie « sec » en grec ancien) est un type d'aménagement qui vise à utiliser l'eau de façon extrêmement efficace. Le concept a été lancé dans les régions désertiques ou les kibboutz. La pratique consiste à aménager votre jardin de manière à favoriser des espèces locales ou peu consommatrices d'eau pour cultiver de manière plus naturelle.

Comment arroser

Pour faire des économies d'eau, on peut mesurer le débit de l'eau en branchant un petit compteur au robinet. Il existe différentes techniques d'arrosage à privilégier selon le terrain et les plantes afin de gaspiller moins d'eau.

Les rigoles

Les rigoles sont des petits fossés que l'on creuse entre les plates-bandes surélevées pour amener l'eau aux racines des plants. Elles sont remplies d'eau (complètement ou en plusieurs fois pour favoriser l'infiltration de l'eau) : attention, donc, à ne pas trop espacer les plates-bandes. Une rigole fait entre 30 cm et 1 m : plus l'espacement est grand, plus il faut apporter d'eau.

Ce système fonctionne bien sur sol plat ou légèrement pentu ; autrement, l'eau circule trop vite dans les rigoles pour pouvoir pénétrer dans le sol. Les rigoles sont inutilisables sur sol sablonneux car celui-ci absorbe l'eau avant qu'elle n'atteigne l'extrémité de la rigole.

Le tuyau d'arrosage

Cette méthode est sans doute la plus utilisée par les jardiniers, mais elle est loin d'être idéale. L'arrosage au tuyau est irrégulier, ne permet pas une irrigation uniforme des plantes et entraîne une perte d'eau (qui finit dans les allées ou sur la pelouse).

La meilleure façon d'arroser au tuyau est de le laisser couler à faible débit dans une cuvette près de chaque plant de telle sorte que l'eau imprègne le sol jusqu'à une profondeur d'une quinzaine de centimètres. Ce système est plus efficace pour la culture en pot des grosses plantes.

Les asperseurs

C'est une façon rentable d'arroser un grand jardin en peu de temps. Certains asperseurs sont oscillants, d'autres rotatifs : choisissez celui qui convient le mieux à votre potager. Il suffit de le mettre en route et d'attendre que l'eau pénètre à 15 cm de profondeur.

Attention

Mouiller sans cesse le feuillage de certaines plantes favorise la dissémination de certaines maladies. Favorisez l'utilisation des asperseurs le matin (pour que les feuillages soient secs) et le soir (pour éviter les pertes d'eau par évaporation).

L'arrosage en pluie fine

Cette méthode se fait grâce à un ou à plusieurs tuyaux juxtaposés et perforés de trous très fins. On peut installer la rampe entre les rangs ou lui faire faire le tour des plants. L'eau s'écoule doucement de la rampe et pénètre dans le sol, ce qui laisse le feuillage sec et réduit l'évaporation.

Pour ce système, il faut obligatoirement un terrain plat ; sur sol vallonné, l'imprégnation est irrégulière.

Le goutte-à-goutte

Le système d'irrigation au goutte-à-goutte fournit de l'eau à travers des goutteurs par l'intermédiaire d'un réseau de tuyaux en plastique rigide. Le réseau est relié à une source d'eau, à un filtre et souvent à un régulateur de pression. On installe les tuyaux le long des rangs de plants afin que l'eau soit distribuée directement aux racines des plantes.

Cette technique d'irrigation est particulièrement efficace dans la mesure où l'eau va directement aux racines et où l'on en gaspille peu sur les allées entre les plants et entre les rangs. L'irrigation au goutte-à-goutte fonctionne même sur des pentes, lesquelles sont un obstacle à la quasi-totalité des autres systèmes. Cependant, ce système coûte plus cher et demande plus de travail pour son installation en début de saison et sa désinstallation en fin de saison.

Pour installer l'arrosage au goutte-à-goutte dans votre potager, voici ce qu'il faut faire :

- **Installez les tuyaux et couvrez-les d'une feuille de plastique, ou enfouissez les tuyaux à quelques centimètres sous la surface du sol ;**
- **La plupart des jardiniers aiment maintenir les tuyaux proches de la surface pour pouvoir vérifier les trous qui se bouchent et les ruptures ;**
- **Si votre tuyau n'a pas de goutteurs, installez-en là où vous voulez. Placez-les de sorte qu'ils soient proches de la base de vos plants ;**
- **Pour le cas particulier du potager : arrosez au moins plusieurs heures par jour, c'est-à-dire de 2 à 4 heures.**

Observez attentivement la façon dont l'arrosage se déroule les premières fois. Creusez un peu partout pour voir combien de temps met l'eau à imprégner telle ou telle surface : cela vous permet de réguler vos heures d'arrosage. Si vous habitez une région où le sol gèle en hiver, ne laissez pas votre réseau de goutte-à-goutte en place car les tuyaux éclateraient. Videz votre réseau, roulez les tubes flexibles et stockez le tout dans votre garage.

Les arbustes qui résistent à la sécheresse

Les feuillages étroits, duveteux, argentés ou coriaces sont de parfaits isolants thermiques alors que les feuillages charnus (plantes grasses) stockent l'eau. La typologie du feuillage vous donne une indication sur la capacité de votre plante à résister à un climat chaud et sec.

Même avec des températures caniculaires, ces plantes ne nécessitent qu'un arrosage faible et offrent une très belle floraison.

Andromède du Japon

Ce bel arbuste au feuillage persistant développe une floraison printanière en grappes. La variété 'Mountain Fire' développe une croissance compacte qui supporte la culture en pot.

Aucuba japonica

Feuillage luisant et persistant, vert ou panaché, ce bel arbuste résiste bien à la pollution des villes, à l'ombre et à la sécheresse.

Bignone

Une plante grimpante généreuse et tout terrain qui se plaît au soleil.

Buisson ardent

Arbuste grimpant épineux très résistant à la sécheresse. Le mélanger avec d'autres arbustes pour créer une haie défensive.

L'arbre aux papillons

Cet arbuste peut atteindre 4 mètres de haut et autant de large. Il apprécie les sols secs et bien drainés. Cette plante est tout terrain. La rabattre sévèrement chaque année.

Caryopteris

Fleurit à la fin de l'été. Il faut le tailler au printemps et lui offrir une exposition ensoleillée, abritée des vents froids et une terre drainante.

Céanothe

Ceux à floraison printanière sont les plus fragiles. Ceux qui fleurissent en été peuvent atteindre une hauteur impressionnante dans un sol perméable.

Cognassier du Japon

Ce bel arbuste forme une excellente haie défensive. Il supporte l'aridité sans problème.

Corète du Japon

Fleurs en pompons jaune vif. Facile à cultiver, il pousse partout et peut devenir envahissant.

Cornouiller mâle

Petites fleurs jaunes qui éclosent à la fin de l'hiver avant l'apparition du feuillage. Très résistant, il supporte l'atmosphère des villes, la sécheresse et les sols calcaires.

Cotinus

Surnommé l'arbre à perruque, le cotinus pourpre est un arbuste qui résiste parfaitement à la canicule et à une longue période de sécheresse.

Cotonéaster

À feuillage caduc, persistant ou semi-persistant, cette famille nous offre d'excellentes plantes couvre-sol ou d'élégants arbustes. La floraison mellifère est suivie de baies décoratives.

Deutzia

Grappes de fleurs blanches ou roses en épis ou en bouquets. La floraison dure longtemps, même sous la pluie.

Epine-vinette

Le Berberis est un arbuste à feuilles semi-persistantes ou caduques qui offre une grande variété de formes et de tailles. On les plante en rocaille, en massif ou pour former des haies. Ils n'aiment pas l'humidité.

Genêt

Le Cytisus pousse dans les terrains pauvres et secs, les genêts se couvrent au printemps de bouquets denses de fleurs jaune crème à vif, parfois roses ou rouges selon les variétés.

Fusain

Euonymus fortunei porte un feuillage persistant vert souvent taché de blanc ou d'or.

Hibiscus

L'Hibiscus syriacus fleurit en été. Il supporte bien la taille en haie et apprécie un sol un peu calcaire et bien drainé.

Houx

Le houx commun résiste parfaitement au froid et à la sécheresse.

If

Le *Taxus baccata* supporte les tailles sévères car il repousse sur le vieux bois. Ce conifère résiste parfaitement au froid.

Lavande

On adore sa floraison en épis de fleurs odorantes mauves à violettes en été, parfois roses ou blanches sur certaines espèces. La planter sur un petit monticule pour éviter que l'eau ne stagne à son collet.

Laurier du Portugal

Le *Prunus lusitanica* peut devenir un petit arbre. Son feuillage brillant vert foncé est persistant.

Lierre

Il est parfait à l'ombre. On peut l'utiliser en couvre-sol ou comme plante grimpante. Son feuillage persistant est vert ou panaché selon les espèces. Il ne demande aucun soin.

Mahonia

Il supporte l'ombre, la sécheresse, les sols ingrats et la culture en pot. Son feuillage piquant porte des fleurs parfumées en grappes au printemps suivies de baies bleues décoratives.

Millepertuis

Ce buisson nain au feuillage semi-persistant se couvre de fleurs jaune vif en été. C'est un excellent couvre-sol pour les talus secs.

Noisetier

Il pousse aussi bien au soleil qu'à la mi-ombre. Il supporte bien les périodes de sécheresse.

Olivier de Bohême

Résistant à tout avec son feuillage gris à revers argent se pare de discrètes fleurettes blanches qui embaument le jasmin.

Oranger du Mexique

Le plus acheté pas les jardiniers : ils craquent pour son feuillage persistant et ses fleurs blanches en bouquets aux senteurs jasminées. C'est l'arbuste à adopter dans les petits jardins. Plus résistant au froid, la variété 'White Dazzler' porte un feuillage très découpé. Il supporte parfaitement la sécheresse.

Osmanthe

Le feuillage persistant de ce bel arbuste résiste parfaitement au froid et à la sécheresse. Les feuilles coriaces vert foncé portent des fleurs blanches parfumées au printemps.

Perovskia

Ce buisson bas porte en été sur de longues tiges gris argent des épis dressés de fleurs bleu-violet. Il supporte les embruns marins.

Rosier rugueux

Le rosier rugueux supporte l'aridité, le sable et les vents salés. Son feuillage gaufré décoratif met en avant ses fleurs rouges pourprées et ses fruits rouges en automne.

Seringat odorant

C'est l'un des plus résistants à la sécheresse. Il supporte les terres acides et même pauvres. Floraisons blanches très parfumées.

Spirée

Ces buissons sont tout terrain. Une fois installés, ils deviennent ultrarésistants. À mélanger avec des haies attirant les insectes.

Symphorine

Elle supporte l'ombre comme le soleil, l'humidité comme la sécheresse.

Véronique arbustive

Ce buisson nain s'utilise en bordure ou en pot. Il supporte bien la sécheresse mais certaines plantes résistent mal au gel.

Les vivaces et la sécheresse

Très décoratives, parfois aromatiques, les plantes vivaces sont résistantes à la sécheresse : sauges, monardes, valérianes, thyms, origans, mélisses, etc. ou encore les cactus (sédums, agaves, hoyas...).

- » Choisissez des plantes adaptées à votre terrain, calcaire, acide, lourd, léger, soleil ou ombre ;
- » Privilégiez les espèces proches des plantes sauvages ou locales ;
- » Travaillez le sol en profondeur en apportant une bonne dose d'humus ;
- » Couvrez le sol avec une couche de mulching, broyats de branches ;
- » Ne taillez pas les arbustes en période de sécheresse.

Quelques annuelles « dromadaires »

Vous êtes absent l'été, vous n'avez pas la main verte ou vous souhaitez retrouver des jardinières fleuries dans votre résidence secondaire, misez sur des annuelles. En horticulture, les plantes annuelles sont généralement cultivées pour leurs fleurs (on parle souvent de fleurs annuelles). Elles sont appréciées pour leur capacité à fleurir rapidement en jardin pendant les saisons d'été et d'automne. D'autres ne subsistent que par des graines de ces plantes qui ne vivent qu'une saison.

Alysse odorant

Soleil ou mi-ombre, floraison l'été.

Lotier

Plein soleil, floraison tout l'été. Pour les conserver plus longtemps, mettez-les en abri hors-gel en hiver.

Bégonia benariensis

Les bégonias sont des plantes à floraison spectaculaire qui tolèrent les endroits ombragés. D'une hauteur moyenne de 70 cm, à feuillage bronze ou vert et à floraison rouge ou rose. Très résistants à la sécheresse.

Bégonia semperflorens

C'est un incontournable des jardins sans entretien. Ses coloris sont variés et il peut croître dans les endroits ombragés. Si vous avez un endroit exposé au soleil, privilégiez le feuillage bronze plutôt que le feuillage vert.

Celosie plumosa

Avec une floraison en épi dans les coloris de jaune, de rose, de rouge et d'orange et une hauteur de 30 à 60 cm selon les variétés, cette plante est parfaite en massif dans les endroits très ensoleillés.

Felicia

Soleil, floraison l'été, elle résiste bien à une absence prolongée de son propriétaire.

Pélargonium ou appelé aussi Géranium

Plein soleil, floraison toute la belle saison, arroser 1/semaine sans excès. On peut le conserver d'une année sur l'autre, bien taillé avant l'hivernage.

Gazania

C'est une plante qui adore la chaleur et le plein soleil. Elle offre des coloris flamboyants.

Mimulus aurantiacus

Elle adore le plein soleil. Sa floraison s'étend de mai aux premières gelées. Résiste à de courts gels (-5 °C).

Pourpier

Uniquement en plein soleil. Sa floraison est estivale.

Sanvitalia

Même exposition que le pourpier.

Verveine Meteor Shower®

Cette plante est idéale pour résister à la sécheresse. Elle attire les pollinisateurs et peut atteindre 70 cm de haut.

Zinnia

Cette plante offre des couleurs vives et elle est très tolérante à la sécheresse. Elle n'aime surtout pas les excès d'eau, à réserver en plein soleil.

DANS CE CHAPITRE

Récupérer l'eau de pluie

Les eaux grises au jardin

Chapitre 25

Récupérer l'eau

Les eaux de pluie

Il y a plusieurs façons de récupérer l'eau de pluie. Du simple baril sous la gouttière jusqu'au système complet de filtration et de redistribution, il y en a pour tous les goûts et pour toutes les bourses. Dans une région où il tombe en moyenne entre 800 et 900 millimètres de pluie par an avec 100 m^2 de toit, vous pouvez récupérer entre 70 000 et 80 000 litres d'eau de pluie par an.

Une maison de quatre personnes utiliserait, selon les données mentionnées précédemment, environ 1 600 litres d'eau par jour, soit 580 000 litres par année. Il est donc possible en pratique de capter toute l'eau de pluie du toit et de l'utiliser en totalité à bon escient, sans un équipement sophistiqué pour le filtrage à un niveau de consommation alimentaire.

Installer un récupérateur d'eau de pluie

Il existe différents modèles de récupérateurs d'eau avec des capacités pouvant atteindre jusqu'à 10 000 litres pour les plus gros. La plupart des récupérateurs d'eau se stockent à l'extérieur en hors sol. En général, ils sont assez esthétiques. Cependant, rien ne vous empêche d'installer votre récupérateur à l'intérieur de votre maison, dans votre sous-sol ou votre cave. D'autres récupérateurs, plus grands et plus volumineux, sont enterrés dans le sol. Il existe également de grands récupérateurs d'eau hors sol munis d'éléments décoratifs afin de les camoufler.

Le récupérateur d'eau kit 4rain de la marque Garantia, incluant la cuve à enterrer, vous sera très utile pour récupérer l'eau souterraine. Ce produit est un excellent investissement sur le long terme car il vous permettra d'économiser environ 50 % de votre consommation d'eau.

L'eau de pluie récoltée grâce à votre cuve à eau enterrée est à utiliser pour votre jardin, votre voiture ou bien encore pour votre machine à laver ainsi que vos toilettes. Cette eau ne contient ni calcaire ni chlore, ce qui est idéal pour les utilisations citées ci-dessus. Toutefois, il est important d'utiliser un collecteur filtrant afin de conserver une eau saine, sans salissures. Cependant, cette eau n'est pas potable, elle ne doit donc pas être utilisée pour le bain, la douche, etc. Il est interdit de connecter le réseau d'eau de pluie sur le réseau d'eau de ville (puisque l'eau y est potable).

- » Se procurer un système de captage des eaux de pluie d'une capacité minimale de 600 litres ;
- » Couper le tuyau de descente de la gouttière à une hauteur convenant au réservoir ;
- » Raccorder au couvercle du réservoir la descente pluviale à l'aide d'un tuyau flexible ;
- » Éloigner le trop-plein à plus de 4 m, de la maison afin d'éviter une accumulation d'eau proche des fondations.

Le matériau : l'idéal est d'opter pour un récupérateur en béton qui permet de stocker de l'eau potable.

Si vous avez un récupérateur en plastique, utilisez-le pour le nettoyage...

L'installation : une cuve facile à installer comme la cuve en polyéthylène nécessite moins de travaux que la cuve en béton.

Le récupérateur en béton est plus coûteux que tous les autres modèles.

Récupérateur d'eau de pluie de 1020 l en polyéthylène vert, en kit comprenant 2 cuves à eau de 510 l cylindriques jumelées de forme évasée, couvercles, supports et robinets. Livré avec collecteur eau de gouttière, éco, filtrant, et kit de jumelage pour avoir plusieurs récupérateurs en série.

Récupérer d'anciens tonneaux

Placez le tonneau le long d'une gouttière et reliez-le avec un collecteur. Vous pouvez acheter votre tonneau, mais sachez que les viticulteurs se débarrassent régulièrement de tonneaux usagés. C'est un moyen simple, écolo, économique et bien plus design que les récupérateurs classiques pour tirer profit de l'eau de pluie dans votre jardin.

Transformer votre ancienne cuve à fioul en réservoir d'eau de pluie

Des professionnels agréés peuvent changer la destination de votre cuve à fioul en la transformant en réceptacle d'eau de pluie, avec la délivrance d'un certificat reconnu par les autorités notariales, ce qui évite d'avoir un bloc de béton ou un remplissage de sable sous sa pelouse avec le coût que cela engendre. La cuve est dégazée et nettoyée garantissant un effet non polluant dans le temps, donc écologique.

Récupérer les eaux grises

Les eaux grises correspondent aux eaux usées domestiques issues des douches, baignoires, lavabos, lave-linge, éviers... de chaque maison. Brutes, elles sont contaminées par des micro-organismes, ainsi que par des contaminants physico-chimiques issus des produits d'hygiène corporelle ou des produits d'entretien. Mais, filtrées, elles peuvent être utilisées au jardin.

Recycler les eaux grises permet de réduire de 35 % le rejet d'eaux usées, et d'arroser en été sans gaspiller de l'eau douce lorsque la pluviométrie est faible.

Cependant, réutiliser ses eaux grises demande :

- » Une vigilance vis-à-vis des produits que vous utilisez chez vous et qui se retrouvent dans l'eau (préférez le savon noir, le bicarbonate de soude, le vinaigre blanc aux produits ménagers chimiques) ;
- » Un double réseau de tuyauterie, un pour l'eau potable raccordé au circuit d'eau public, et l'autre en circuit fermé dans lequel les eaux grises seront filtrées pour pouvoir être réutilisées ;
- » Vous pouvez également réutiliser l'eau de vidange de votre piscine, à condition d'enlever le chlore qu'elle contient (à l'aide des UV du soleil en la laissant dans un réservoir de décantation à ciel ouvert, par exemple).

Un forage dans son jardin ?

La loi autorise tout particulier à disposer librement des eaux de sources souterraines présentes sous son terrain. Pour cela, encore faut-il les trouver, définir quel type de puits construire et réaliser les démarches nécessaires.

Petit conseil

- » Demander l'accord à votre mairie : certains sols peuvent déstabiliser des habitations ;
- » Faites appel à des professionnels ;
- » Ne pas utiliser l'eau puisée directement sur les plantes, elle est trop froide et endommagerait vos cultures ;
- » Il est interdit de forer à moins de 5 m d'une route, ou de 40 m d'un cimetière, ainsi qu'à proximité des installations septiques, des fosses à fumier et des champs agricoles.

Avant de choisir d'installer un puits ou un forage chez vous, il vous faut déterminer si votre sol est propice à sa construction. L'observation attentive de votre environnement peut parfois suffire pour vous en assurer. Une infiltration dans la cave, la présence de cours d'eau à proximité de votre habitation ou de voisins ayant eux-mêmes installé un puits vous apportera confirmation de la présence d'eau souterraine. Pour les cas moins évidents, vous pouvez vous adresser aux collectivités territoriales qui vous renseigneront sur la localisation des nappes d'eau de votre région, ou consulter une des cartes géologiques de la BRGM (Bureau de Recherche Géologique et Minière). Des entreprises de forage pourront également réaliser des études afin de trouver l'eau.

De l'eau pour sa consommation ?

Si vous destinez l'eau de votre puits à une utilisation domestique, n'oubliez pas qu'il est obligatoire depuis début 2009 de déclarer son ouvrage ou son projet d'ouvrage en mairie. Est considéré comme relevant de « l'usage domestique » tout prélèvement inférieur ou égal à 1 000 m^3 d'eau par an et destiné à l'alimentation, l'hygiène ou l'arrosage. Deux déclarations sont alors nécessaires : la première un mois avant les travaux et la deuxième dans le mois de l'achèvement de l'ouvrage. Pour un puits ou un forage excédant 10 m de profondeur, il vous faudra également faire une déclaration à la Direction Régionale de l'Industrie, de la Recherche et de l'Environnement (DRIRE). Enfin, si l'eau que vous prélevez est destinée à la consommation, il faudra le signaler à la Direction Départementale des Affaires Sanitaires et Sociales (DDASS) et procéder à des analyses pour être sûr que celle-ci est potable.

Partie 7
Récolter

Dans cette partie…

Une fois que votre jardin est imaginé, conçu, aménagé, planté, entretenu, traité, arrosé, il porte ses fruits (et légumes) : à vous de les récolter !

Là encore, nous verrons qu'il s'agit de faire les bons choix pour ne pas gaspiller et jeter votre précieuse récolte. Tout est bon dans le plant : gardez les légumes pour vous en apprenant à les stocker pour ne pas les laisser perdre, réutilisez vos déchets verts, nourrissez votre compost avec les épluchures, et gardez précieusement les graines pour l'année prochaine.

Le « zéro déchet » passe par l'optimisation de toutes vos ressources : apprenez ici à mieux récolter et à récolter plus longtemps pour profiter au mieux de ce que la nature vous offre !

DANS CE CHAPITRE

Variétés reproductibles et sélection des parents

•

Récolter les graines

•

Conserver ses graines avant le semis

Chapitre 26

Récolter ses graines

Récolter ses graines et les ressemer l'année suivante est un véritable graal pour tous les jardiniers. Vous avez acheté des graines bio, françaises et reproductibles, vous avez banni les variétés hybrides et vous avez récolté vos bons légumes, c'est déjà un très bon point pour le « zéro déchet ». Quand on a un potager, le but est aussi de faire des économies. Et acheter des graines ou des plants chaque année représente un sacré budget. Heureusement, il est possible de s'en passer ! Mais comment récolter ses graines et à quelles époques, comment les préparer et les stocker pour l'année prochaine ? Cette technique est assez simple et demande juste un peu de gymnastique et d'organisation.

Misez sur les variétés reproductibles

En effet, certaines semences ne vous permettront pas de ressemer vos graines l'année suivante. Il s'agit des hybrides (F1) : ces variétés sont issues d'un croisement entre deux parents choisis pour leurs qualités respectives. Une première génération va donner lieu à des individus parfaitement homogènes qui correspondent aux caractéristiques voulues. Mais la seconde génération ne permet pas de reproduire la semence à l'identique. C'est la raison pour laquelle on dit que les variétés F1 sont « non reproductibles ». Si une variété est hybride, il sera indiqué sur les sachets de graines la mention obligatoire « HF1 ».

Une fois que vous avez semé vos graines, puis récolté vos premiers légumes, il faut attendre que vos récoltes parviennent à pleine maturité avant de pouvoir prétendre à récolter vos propres graines.

Mon Petit Coin Vert offre une foultitude d'idées pour avoir un jardin respectueux de l'environnement.

www.monpetitcoinvert.com

La sélection des parents

Pour récolter les graines, vous pouvez sélectionner les plants ou les fruits les plus vigoureux et les plus résistants. Au fil des années, en choisissant les individus pour leurs qualités, vous favorisez l'apparition de ces mêmes caractéristiques dans les générations futures. Vous pouvez aussi choisir vos graines de façon aléatoire pour « conserver » la variété originale et toutes ses différences.

La récolte des graines

Pour les fleurs

Vous pouvez récolter les graines de fleurs à la fin de l'été lorsqu'elles prennent un aspect brun et sec. Elles ne se récoltent pas toutes de la même façon : les graines peuvent se trouver au cœur de la fleur comme le souci ou encore être renfermées dans une capsule comme le coquelicot...

Pour les légumes-fruits

Il faut couper les fruits pour récupérer les graines. Pour le poivron, par exemple, il suffira de détacher les graines. Mais pour d'autres légumes-fruits, comme la tomate ou le concombre, les graines devront être « séparées » de leur enveloppe gélatineuse. Pour cela, récupérez le jus et les graines des fruits et laissez-les fermenter 2-3 jours dans un verre avec un fond d'eau. Puis à l'aide d'une passoire à mailles resserrées, nettoyez les graines.

Pour les gousses (haricot, fève, pois...)

Pour récupérer les graines des gousses

Il faudra attendre la fin de la saison. Coupez le pied avec des ciseaux. À l'aide d'une ficelle, accrochez-le la tête en bas pour le laisser sécher. Quand la gousse est bien sèche, récupérez les graines.

Haricots et pois

Sur le porte-graines choisi, laissez les graines se dessécher complètement dans leurs gousses. Écossez les gousses pour récupérer les graines. Placez les graines pendant 72 heures au congélateur pour éliminer d'éventuelles larves.

Récolter ses graines de tomate

Tout d'abord, il vous faut un torchon, une passoire, un verre d'eau et un couteau.

Pour commencer, coupez la tomate à l'horizontale. Ensuite, pincez la tomate au-dessus du verre d'eau pour y faire tomber les graines. Ensuite, remuez et mettez le verre à l'ombre dans un coin de la cuisine par exemple. Remuez une ou deux fois par jour pendant 2 jours.

Les bonnes graines tombent au fond du verre et un dépôt se forme à la surface de l'eau.

Il se peut qu'il reste quelques graines flottant à la surface. Ne les gardez pas, il y a de forte chance qu'elles ne germent pas l'année d'après. Lorsque c'est prêt, rajoutez de l'eau et remuez une dernière fois. Pour terminer, filtrez les graines à la passoire et touillez avec le doigt jusqu'à que ce soit bien propre. Une fois que c'est propre, étalez tout ça sur le torchon. Et laissez sécher 24 heures.

Poivrons

Attendez que les poivrons soient bien rouges et parfaitement mûrs, commençant à se rider et à se ramollir, récoltez les graines. Faites-les sécher à l'ombre.

Laitues

Laissez le porte-graines se développer complètement et monter en fleurs.

Après la floraison, laissez brunir les hampes et coupez-les.

Faites-les sécher à l'ombre, secouez alors les hampes tête en bas au-dessus d'un papier buvard clair ou un journal.

Pour pouvoir récupérer les graines et faire des semis l'année suivante, il vous faudra des semences paysannes. Ces dernières sont généralement bio et sont toujours reproductibles par semis. Il est toujours possible de s'en procurer par certains réseaux comme Kokopelli ou la ferme de Sainte-Marthe directement sur Internet. Vous pouvez également troquer des semences paysannes avec vos amis jardiniers.

Courgettes

Récoltez la courgette quand son pédoncule commence à brunir et à se détacher.

Coupez la courgette dans le sens de la longueur, et, comme pour les tomates, récupérez les graines et mettez-les dans une passoire. Rincez-les sous l'eau. Étalez les graines dans une assiette et laissez-les sécher au soleil pendant plusieurs semaines (attention aux oiseaux). Petite astuce : éliminez les graines plates.

Courges

Coupez les courges en deux. Extrayez les graines à la main en essayant de les détacher de la pulpe. Passez-les sous l'eau vive pour finir le nettoyage. Étalez-les sur un torchon pour les sécher... Deux semaines plus tard, les graines sont bien sèches et vous pouvez les stocker.

Poivrons

Détachez les graines au couteau puis laissez-les sécher trois ou quatre jours. Il faudra alors sélectionner les plus grosses graines qui ont une vigueur germinative plus importante. Cependant, sachez que certaines petites graines peuvent aussi faire l'affaire ! Ensuite, vous pouvez entreposer vos graines séchées dans un sachet en papier et les conserver durant trois ou quatre ans.

Vont-elles germer ?

Pour ne pas perdre de temps et d'énergie, vous pouvez tester le pouvoir germinatif de vos graines avant de les mettre en terre. La première méthode consiste à déposer une dizaine de graines sur un coton imbibé d'eau. Si la moitié ou plus d'entre elles germent, c'est que votre réserve est bonne.

Le second test est encore plus simple : versez vos semences dans un verre d'eau. Celles qui coulent jusqu'au fond du verre sont bonnes. Celles qui restent à la surface, elles, ne germeront pas.

Comment les conserver ?

Une fois vos graines récoltées, il vous suffit de les nettoyer précautionneusement et de les laisser sécher à l'air libre dans le noir. Attention ! les graines doivent être bien sèches pour être conservées car elles n'apprécient pas l'humidité ! Ensuite, vous pouvez les glisser dans un sachet en papier et les conserver à l'abri de la chaleur, de la lumière et de l'humidité. Le tour est joué ! L'année suivante, il ne vous reste plus qu'à les semer. Pensez à étiqueter vos récoltes avec le nom de la variété et la date de récolte. Sinon, vous pourriez avoir quelques surprises !

Récolter ses graines est donc plutôt simple, il suffit de bien observer la nature et de prendre l'habitude de le faire. Non seulement vous économiserez de l'argent, mais, en plus, vous connaîtrez la provenance de vos graines. Bonne récolte !

Troc & échanges

S'il vous manque quelques graines, vous pouvez également en troquer lors de Troc'plantes. Ce sont des événements organisés par des petits groupes d'habitants, pendant lesquels vous pouvez venir avec vos propres graines et les échanger pour enrichir votre jardin de nouvelles espèces. Le troc de plantes a pour objectif d'animer, de mettre en relation toutes celles et ceux qui s'intéressent aux plantes et à l'environnement, de créer du lien et de favoriser les échanges.

DANS CE CHAPITRE

Le bon moment pour récolter

•

Conserver en bocaux

•

D'autres méthodes de conservation

Chapitre 27

Récolte, stockage et conservation de sa production

Supposons que vous vous êtes occupé de votre potager comme un chef : vous avez semé au bon moment, arrosé comme il faut, fourni des engrais à la perfection et tenu en respect les ravageurs. Après l'effort, le réconfort : à table ! Pour que vos légumes aient à la fois le meilleur goût et la meilleure valeur nutritive, il faut les cueillir au bon moment. Certains légumes sont immangeables si on les récolte trop tôt, d'autres deviennent coriaces et fibreux si on les ramasse trop tard. Dans une éthique et un souci de ne rien jeter, il s'avère nécessaire de maîtriser quelques techniques simples de conservation.

Qu'arrive-t-il si, une fois qu'ils sont récoltés, vous ne pouvez pas les manger tout de suite ? Convenablement stockés, la plupart des légumes peuvent rester un moment sans pourrir ni perdre trop de goût, bien que le mieux soit, bien sûr, de les passer à la casserole le plus tôt possible. En vérité, certains légumes, comme la pomme de terre et les courges d'hiver, se conservent des mois sans problème.

Récolter au bon moment

Il faut récolter la plupart des légumes tant qu'ils sont encore jeunes et tendres, c'est-à-dire le plus souvent avant que le plant, la racine ou les fruits n'atteignent leur taille maximum. Une courgette de 35 cm est spectaculaire, mais elle est meilleure à 15 ou 20 cm. De même, les carottes et les betteraves : plus elles restent dans le sol, plus elles deviennent ligneuses et moins elles ont de goût.

Tableau 27-1 Critères de récolte selon les légumes

Légume	Critère de récolte
Ail	Quand les feuilles du bas jaunissent
Asperge	Quand les pousses mesurent 15 à 22 cm de long
Aubergine	Avant que la couleur ne ternisse ; la chair doit se remettre en place quand on la pousse avec le doigt
Betterave	Quand elle mesure 3 à 7 cm de large
Brocoli	Tant que les bouquets sont verts et bien serrés
Cacahuète	Quand les feuilles jaunissent
Carotte	Quand le collet a 2,5 cm de diamètre
Céleri	Quand les côtes sont assez grosses pour être mangées
Chou	Quand les têtes sont fermes et compactes
Chou de Bruxelles	Quand les bourgeons atteignent 2,5 cm de diamètre
Chou-fleur	Quand les inflorescences sont encore blanches et lisses
Chou-rave	Quand il mesure 5 à 6 cm de large
Citrouille	Quand les fruits sont durs, avant le gel
Concombre	Pour le couteau, quand il mesure 15 cm ; pour la saumure, quand il mesure 5 cm
Courge d'été	Quand elle atteint 15 à 20 cm de long
Courge d'hiver	Quand les fruits sont durs, avant le gel
Échalote	Quand les feuilles se dessèchent et brunissent
Épinard	Tant que les feuilles sont tendres
Haricot sec	Quand les gousses sont sèches et éclatent facilement
Laitue et légume-feuille	Tant que les feuilles sont tendres
Maïs	Quand les soies sont marron et sèches, et les grains des épis encore laiteux

Légume	Critère de récolte
Melon	Quand la tige casse facilement ; quand le dessin est régulier et le fruit, ferme
Navet	Quand il atteint un diamètre de 5 à 8 cm
Oignon	Quand le collet est serré et la peau sèche
Panais	Quand les racines atteignent une taille suffisante, si possible après un coup de gel
Pastèque	Quand le dessous jaunit et qu'elle émet un son clair au choc
Patate douce	Quand elle atteint la taille souhaitée
Petit pois	Tant que les gousses sont tendres
Poireau	Quand il mesure au moins 4 cm de diamètre
Poivron	Quand les fruits atteignent la taille et la couleur souhaitées
Pomme de terre	Quand les tiges meurent
Radis	Quand les racines atteignent 3 ou 4 cm de diamètre
Rhubarbe	Quand il y a des raies rouges sur les côtes
Rutabaga	Quand les racines atteignent la taille souhaitée
Tomate	Quand la couleur est uniforme

Certaines plantes doivent être récoltées sans cesse pour rester productives. Grosso modo, dès que l'on a assez d'un légume donné pour faire un plat, il faut le récolter. C'est le cas des haricots verts, des courges d'été, des brocolis, des épinards et des laitues, des radis, des oignons verts.

Dès que vous avez commencé à récolter, passez dans votre potager tous les jours et ramassez quelque chose. Prenez un bon canif bien tranchant et quelques paniers pour mettre vos produits, des seaux, des sacs en papier, que sais-je... Les seaux en grillage et en bois font bien l'affaire puisqu'on peut laver les légumes dedans.

Les critères du tableau ci-dessus concernent des légumes mûrs ou légèrement immatures. Mais beaucoup de légumes peuvent être ramassés plus tôt et avoir quand même un goût délicieux. Voici ceux que l'on peut ramasser très jeunes : betteraves, brocolis, carottes, choux-fleurs, concombres, laitues et autres légumes-feuilles, oignons, petits pois, pommes de terre, radis, haricots verts, courges d'été, bettes et navets. En outre, certaines petites variétés de maïs et de tomates peuvent se cueillir très jeunes.

Ne pas récolter

- Quand les plants sont mouillés, surtout s'il s'agit de haricots. Beaucoup d'infestations par les champignons se transmettent quand il fait humide ; il suffit parfois de frôler un plant malade avec des outils ou des vêtements pour transmettre la maladie à tous les plants sains du rang ;
- Au plus fort de la chaleur car celle-ci ramollit parfois la texture des légumes. Pour avoir des produits les plus frais possibles, cueillez de bon matin quand le taux d'humidité des légumes est le plus élevé et la saveur la plus prononcée. Gardez les légumes au réfrigérateur et préparez-les le jour même ;
- À l'automne, il vaut mieux attendre pour arracher les racines telles que les carottes, les rutabagas, les légumes anciens en général et les betteraves si l'on a l'intention de les conserver en cave ou en chambre froide. Néanmoins, il ne faut pas oublier que même si les légumes-racines supportent le gel, il faut les récolter avant que le sol lui-même ne soit gelé. L'arrachage est plus facile quand le sol est encore légèrement humide. De surcroît, il ne faut pas laver des légumes que l'on va stocker en cave, il faut se contenter de les essuyer pour en enlever la terre. Préparez sans trop tarder les légumes qui ont été écrasés ou qui ont des coupures.

Stocker ses légumes

Une fois que l'on a ramassé des légumes, il faut soit les manger tout de suite, soit les stocker pour les préparer plus tard. Chaque légume se garde de façon différente. On peut résumer ainsi les conditions de stockage :

- Au frais et au sec, entre 15 et 18 °C, avec 60 % d'humidité : ce sont les conditions que l'on trouve en général dans une cave aérée ;
- Au froid et au sec, entre 0 et 4 °C, avec 65 % d'humidité : ce sont les conditions qui règnent normalement dans un réfrigérateur, ou dans une cave ou un garage particulièrement froids ;
- Au frais et à l'humidité, avec une température entre 10 et 15° C, avec 90 % d'humidité : ce sont les conditions qui règnent dans une cuisine bien fraîche ou dans une cave, à l'intérieur de sacs en plastique munis de perforations ;
- Au froid et à l'humidité, entre 0 et 4 °C, avec 95 % d'humidité. On peut créer ces conditions en mettant les légumes dans des sacs perforés – les légumes placés dans des sacs hermétiques risquent de se dégrader plus vite – et en les stockant au réfrigérateur.

Les conditions idéales de froid et d'humidité peuvent régner dans un cellier, c'est-à-dire un sous-sol non chauffé. Toutefois, il arrive de plus en plus souvent que les chaudières et les systèmes de chauffage soient installés dans les caves, qui sont alors trop chaudes pour y stocker des légumes. Néanmoins, si vous n'avez pas de chauffage central ou si vous pouvez garder une partie de votre sous-sol juste à l'abri du gel, vous pouvez y stocker des légumes-racines et même des choux pendant de longues périodes.

Veillez à ce que vos légumes soient bien aérés dans votre cellier ; vous pouvez y stocker des oignons, des pommes de terre et autres légumes-racines dans des filets. Entretenez un niveau d'humidité aussi élevé que possible. Pour cela, jonchez le sol de copeaux et de sciure de bois humides, mais gardez vos légumes en hauteur sur des clayettes en bois.

Cueillez-les au meilleur de leur maturité

Évitez les chocs qui précipitent la pourriture. Pour de longues périodes ne stockez que des légumes de la meilleure qualité : les légumes endommagés ou blessés risquent de pourrir et de gâter tous leurs voisins.

Si vous vivez dans une région où le sol gèle l'hiver, vous pouvez en fait laisser les légumes-racines – carottes, poireaux, légumes anciens et navets – dans le sol et récolter tout l'hiver. Après un gel dur mais avant que le sol ne gèle, couvrez votre planche de légumes sous 30 cm ou davantage de foin bien sec. Couvrez le foin avec une feuille de plastique robuste (de 4 à 6/10 mm) et lestez les bords avec des cailloux, des briques ou des planches. Le plastique empêche la pluie et la neige de s'infiltrer à travers le foin et de faire pourrir vos légumes ; il empêche également le sol de geler. Vous pouvez récolter périodiquement tout l'hiver, mais veillez à recouvrir l'ouverture après chaque prélèvement.

Congeler, sécher et mettre en conserve

Pour garder des légumes au-delà de la simple conservation de légumes frais, vous avez le choix entre la congélation, le séchage et la mise en conserve. La place me manque pour donner tous les détails concernant les différentes méthodes de conservation (congélation, séchage, mise en conserve), mais la liste ci-dessous peut servir d'aide-mémoire :

» La congélation : sans doute la meilleure méthode pour conserver des légumes. Car enfin, si l'envie vous en prend, réduisez en purée quelques tomates, mettez-les dans un récipient et placez celui-ci au congélateur : elles dureront des mois. Ce sera parfait pour faire des sauces à spaghetti et des soupes ;

» On peut aussi congeler certains légumes entiers, par exemple les haricots et les petits pois. Mais en général, il faut les blanchir d'abord pour conserver leur couleur et leur texture. Pour blanchir des légumes, on les trempe 1 ou 2 minutes dans de l'eau bouillante, puis on les met dans de l'eau glacée pour les refroidir. On les sèche ensuite avec un torchon et on les congèle dans un sac de congélation pourvu d'une étiquette. Ce n'est pas sorcier ;

- Le séchage : cette technique peut s'avérer assez facile, mais il faut s'y prendre convenablement pour éviter tout gaspillage. En gros, on déshydrate des légumes en les étendant au soleil, en les mettant dans un four à feu très doux ou en utilisant un appareil de déshydratation : celui-ci s'achète par correspondance (www.bien-et-bio.com, www.meilleurduchef.com). Dans les climats méditerranéens, on peut sécher les tomates 'Roma' en les coupant en deux et en les mettant au soleil sur un grillage ;
- Le danger est que des légumes se gâtent ; donc, avant de les sécher, il faut sans doute se renseigner un peu plus. En principe, on stocke des légumes séchés dans des récipients étanches : par exemple, des bocaux avec un caoutchouc pour en assurer l'étanchéité. Ensuite, on utilise les légumes séchés pour faire des soupes et des sauces ;
- La mise en conserve : de toutes les conserves de légumes, ce sont les tomates que je préfère. Rien n'est meilleur en plein hiver. La mise en conserve demande beaucoup de travail et de soin : il faut peler les légumes, stériliser les bocaux, préparer, faire bouillir, etc. En général, je prends tout un week-end pour faire mes conserves de tomates et d'autres légumes. Sans vouloir vous décourager, il faut de bonnes recettes, un équipement spécialisé et probablement de la main-d'œuvre pour faire des conserves de légumes.

Les bocaux

Besoin de conserver vos légumes frais pour l'hiver ? Si vous avez un potager, c'est le moment de faire des conserves ! Ça permet de consommer des légumes pendant toute l'année.

Comment conserver dans les bocaux ?

Vous avez plusieurs façons de faire. Vous connaissez sûrement les fruits au sirop conservés dans le sucre comme les poires au sirop. On peut faire des conserves avec du sucre, avec de l'alcool comme les cerises à l'eau-de-vie. On peut les faire au vinaigre comme souvent les cornichons (quand ce ne sont pas des cornichons lacto fermentés). On peut aussi conserver avec de l'huile, comme les courgettes, ou encore au sel ou tout simplement au naturel.

Éviter les problèmes

Il se peut que votre bocal soit trop ou pas assez rempli, ce qui peut être très gênant à la stérilisation et empêcher le bon fonctionnement de cette dernière. Si le joint est usé ou le bocal ébréché, alors la stérilisation peut rater. Si les contours du bocal ne sont pas parfaitement propres, l'étanchéité peut être gênée et la stérilisation ratée.

Attention

Dans tous les cas si un bocal que vous avez stocké s'ouvre tout seul sans que vous ayez besoin de tirer sur la languette, ne le consommez pas, sa stérilisation n'a pas fonctionné.

Les étapes pour réussir ses bocaux de légumes

- Lavez vos bocaux avec de l'eau et du savon ;
- Faites-les sécher à l'air libre ;
- Faites bouillir les légumes frais dans une casserole ;
- Égouttez les légumes mais conservez l'eau de cuisson ;
- Versez l'eau et les légumes encore chauds dans le bocal jusqu'au niveau de remplissage indiqué sur le bocal ;
- Prenez une rondelle en caoutchouc ;
- Ébouillantez-la ;
- Posez-la sur le couvercle ;
- Fermez hermétiquement le bocal ;
- Dans une grande casserole, mettez un chiffon au fond ;
- Mettez les bocaux dedans. Faites attention à ce qu'ils ne puissent pas s'entrechoquer ;
- Remplissez d'eau jusqu'à 2 cm en-dessous des couvercles ;
- Faites chauffer jusqu'à 100 °C ;
- Laissez cuire pendant 30 min environ ;
- Laissez ensuite l'eau refroidir ;
- Sortez les bocaux.

Conservation à l'huile

Lavez et rincez les légumes, coupez-les en morceaux et faites-les cuire brièvement à la vapeur.

Séchez les tomates à l'avance au four. Faites dorer légèrement les aubergines ou les poivrons sous le gril du four et pelez-les. Ils n'ont pas besoin d'être cuits à la vapeur.

Disposez les légumes dans des bocaux propres et secs avec des épices et des fines herbes et versez suffisamment d'huile – chauffée à environ 75 °C – pour les recouvrir complètement. Bien s'assurer qu'aucun morceau de l'aliment ne reste à l'air libre.

Pressez fermement avec une cuillère sur le contenu pour que toutes les bulles d'air remontent et que les pots puissent être fermés hermétiquement.

Il faut idéalement attendre un mois avant de consommer ses conserves à l'huile. Une fois ouvertes, elles doivent en revanche être rapidement consommées.

La conservation par le sel

Le sel va « pomper » l'eau des aliments et la rendre inaccessible pour les micro-organismes. Il faut ajouter beaucoup de sel : entre 25 et 30 % en poids de la préparation. C'est pourquoi le salage est bien adapté aux condiments à base d'herbes et de légumes.

Exemple d'une conservation au sel :

- Ébouillantez le bocal. Retournez-le sur un linge propre et laissez-le sécher ;
- Lavez et hachez 8 c.à s. (cuillère à soupe) d'herbes aromatiques (selon préférence, sarriette, persil, basilic, ciboulette...) ;
- Lavez et râpez ou coupez très finement 8 c.à s. de légumes (par exemple céleri, carotte, poireau, fenouil...) ;
- Hachez finement 2 c.à s. d'échalotes ;
- Mélangez afin de faire un ensemble homogène ;
- Ajoutez 6 c.à s. de sel. Mélangez ;
- Remplissez le bocal, fermez-le et étiquetez-le.

DANS CE CHAPITRE

Sélectionner la zone de plantation

Protéger les plants

Protéger tout le potager

Chapitre 28

Prolonger sa récolte

Démarrer les légumes en avance sur la saison. Prolonger la récolte par temps froid peut vous faire faire de petites économies non négligeables sur une année. Prolonger ses récoltes vous évite de tout jeter au compost mais de consommer des fruits et légumes encore riches en vitamines et minéraux.

Quand on a par exemple un potager, l'idée d'avoir des légumes frais toute l'année devient une obsession. Tout le monde ne vit pas dans des climats doux presque toute l'année ; si vous habitez dans des régions plus froides, la meilleure solution pour obtenir le plus de légumes possible de votre potager, c'est de recourir à des astuces pour prolonger la saison de la récolte.

Ces astuces protègent vos légumes des froids mortels à l'automne et permettent de démarrer de bonne heure au printemps. Naturellement, il est indispensable de choisir pour cela des légumes qui s'y prêtent.

De façon générale, les légumes qui supportent le mieux la fraîcheur sont les légumes-feuilles et les légumes-racines. On peut essayer de prolonger les légumes de saison chaude : melons, tomates, poivrons, etc. Quelles que soient les variétés que l'on fait pousser, les techniques utilisées permettent de récolter des légumes frais pendant la plus grande partie de l'année.

Les endroits malins

Pour éviter le gel et les coups de froid, il faut se poser la question de savoir quand planter mais aussi où planter. Sur n'importe quel terrain, des endroits précis se réchauffent plus vite au printemps et restent chauds plus longtemps à l'automne. Chez moi, par exemple, il y a un petit coin exposé plein sud sous la fenêtre de ma cuisine. C'est le premier endroit où la neige fond, et les plants que j'y mets continuent à pousser longtemps après que le gel a tué les légumes de mon potager principal. Dénichez ces coins sur votre terrain, plantez-y des brocolis et des épinards résistants au froid, et vous aurez le plaisir de récolter longtemps avant et longtemps après tous vos voisins immédiats.

Astuces

Les bons coins sont souvent devant la façade sud des bâtiments, surtout aux endroits protégés du vent. Les cours intérieures, par exemple, sont bien connues pour leur microclimat (voir chapitre 6 pour davantage de renseignements sur les microclimats). Il faut aussi rechercher les zones proches de plantes vivaces buissonnantes, à condition que le soleil passe suffisamment à travers leur feuillage, et proches des surfaces asphaltées ou pavées, surtout si le pavement est de couleur sombre.

Le bon calendrier

En matière de légumes, tout est affaire de calendrier.

Voici les principaux conseils à suivre :

» **Vous voulez faire de vrais primeurs, démarrez vos semis sous châssis ou à l'intérieur de votre maison à la fin de l'hiver ou au début du printemps. Vous pouvez ensuite repiquer vos jeunes plants bien au chaud sous un abri ;**

» Si vous voulez récolter vos légumes plus avant dans l'hiver, démarrez-les à la fin de l'été, mais assez tôt pour qu'ils atteignent les mois sombres – décembre et janvier – en ayant déjà leur taille adulte, c'est-à-dire qu'ils soient mangeables. Vous ne pouvez pas vous attendre à ce qu'ils grossissent pendant ces terribles mois, même dans les régions les plus tempérées, car la lumière est moins intense et le jour beaucoup plus court. Ce que vous arriverez à prolonger, c'est la saison de la récolte et non la saison de croissance proprement dite. La seule exception concerne ceux qui habitent une région assez chaude pour tenter de faire passer l'hiver à des légumes en vue d'une récolte au printemps.

La protection individuelle

Le cône de forçage potager est une excellente façon de protéger individuellement du froid tel ou tel plant particulièrement précieux. Un cône de forçage est en général une pyramide en plastique transparent comportant à son sommet une ouverture pour laisser partir l'air chaud. On achète ces cônes en jardinerie, mais l'on peut aussi découper le fond de bidons d'eau de 5 l en plastique transparent. N'omettez pas d'enlever le bouchon afin de laisser sortir l'air chaud les jours de grand soleil. Ou alors ne les utilisez que la nuit. Si vous redoutez le gel, remettez le bouchon.

La cloche en verre ou en plastique

Si vous voulez ajouter une touche d'élégance à votre potager, vous pouvez vous procurer des cloches en verre. Elles coûtent jusqu'à 50 euros pièce. Coulées en verre transparent ou teinté, elles sont belles et particulièrement solides, et protègent efficacement les plantes du froid, mieux encore que les cônes en plastique. Mais elles n'ont pas d'ouïe en haut : les jours de soleil, il faut soit les enlever, soit les soulever légèrement de côté avec un bâtonnet pour laisser entrer l'air frais.

Le châssis

Le châssis est une petite serre. Il s'agit normalement de boîtes plates en bois couvertes avec du verre à vitre ou du plastique transparent (voir figure 28-1). Certains maraîchers arrivent à récolter des légumes tous les mois de l'année jusqu'en zone 5 alors que la température extérieure descend à – 30 °C. Ceux-là cultivent sous châssis des variétés résistantes au froid.

On peut acheter un châssis tout fait moyennant 55 à 250 euros, ou en construire un soi-même selon la méthode suivante :

1. Construire un coffre de 90 cm x 180 cm avec des planches en bois non traité. Couper les côtés en biseau en sorte que le côté nord ait une hauteur de 45 cm et le côté sud 35 cm.

   Cette pente permet au soleil de mieux pénétrer dans le châssis, elle permet aussi à la pluie et à la neige de s'écouler.

2. Fixer une vieille fenêtre sur le côté nord avec une charnière ou tendre sur un cadre un morceau de plastique transparent afin que l'intérieur du châssis soit étanche.

   On peut isoler le châssis en doublant les planches du bord avec des plaques de mousse rigide et en assurant une bonne étanchéité des fermetures.

3. Installer le châssis face au sud, de préférence à proximité d'un bâtiment qui le protège des vents froids.

   Le but d'un châssis est de piéger la chaleur par effet de serre les jours de soleil ; mais il arrive qu'en hiver il y fasse si chaud que l'on risque de brûler les plants. Il faut vérifier la température régulièrement les jours de plein soleil et ouvrir ou entrouvrir le châssis pour permettre à l'air brûlant de s'échapper.

Figure 28-1
Un châssis pour protéger ses plantes

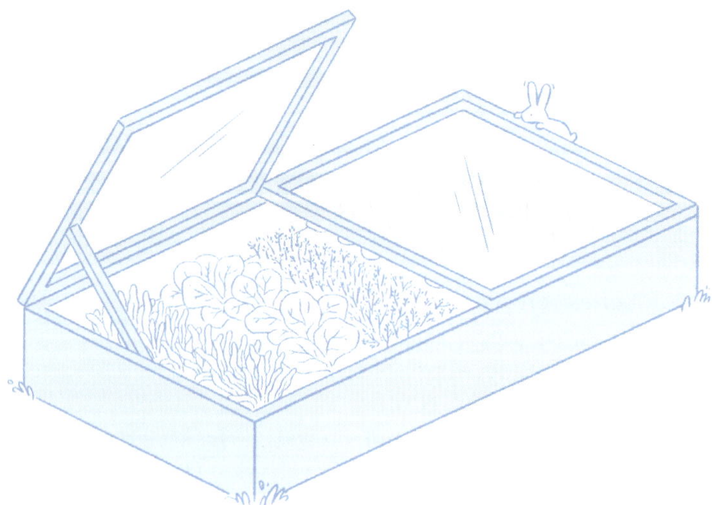

La serre-tunnel

C'est une feuille de plastique transparent que l'on pose sur une armature d'arceaux métalliques par-dessus un rang de légumes. Elle peut être remplacée par un simple tissu encore plus léger que le coton à fromage, que l'on pose directement sur les légumes. Ces deux dispositifs protègent les plantes du froid léger ; mais si la température descend jusqu'à – 6 ou – 7 °C, il faut mettre en place d'autres protections, par exemple la cloche.

Le plastique transparent réchauffe les légumes plus vite que le tissu à fromage, mais il a besoin de perforations pour éviter la surchauffe. Le tissu laisse passer l'air, la lumière et l'eau et, de ce fait, empêche la surchauffe. Les deux méthodes peuvent servir à protéger les plantes des insectes.

Figure 28-2 Une serre-tunnel pour protéger son potager

Quelques cultures sous abri

- Carottes ;
- Semez en place dans un sol chauffé pour récolte dès mars-avril ;
- Choux-fleurs ;
- Semis en sol chauffé. Repiquage en février, pleine terre en avril, pour récolte en juin ;
- Laitues de printemps ;
- Semis en sol chauffé. Repiquage en mars ;
- Navets ;
- Semis en place sans besoin de chauffage dès février ;
- Poireaux ;
- Semis sur sol chauffé. Mise en place des plants en avril. Récolte dès juin.

Les serres amovibles

Si vous voulez vraiment prolonger votre saison végétative, inutile de faire le clown avec des couvertures et des chaufferettes : il faut acheter une serre amovible ou une serre-tunnel. Il existe sur le marché différents types de serres autoporteuses qui conviennent parfaitement pour prendre le printemps de vitesse et prolonger la saison végétative bien avant dans l'automne. Les serres-tunnels où l'on tient debout ont un grand succès à cause de leur coût modique et de leur facilité d'utilisation. Elles ont une armature en métal et une couverture en plastique transparent avec des portes aux deux extrémités. Il y fait plus chaud que sous un châssis mais pas autant que dans une serre classique. Leur prix varie de 150 à 1 500 euros, selon la taille et le type de matériau.

Partie 8

Les gestes en plus

Dans cette partie...

Le jardin est un microcosme vivant : outre les plantes qui naissent, croissent et meurent, beaucoup de petites (et grosses) bêtes peuvent venir visiter votre espace et l'enrichir de leur présence. Ne cherchez donc pas à les chasser, apprenez plutôt à profiter de leurs bienfaits !
Aménager des espaces pour les hérissons ou les musaraignes, prévoir des abreuvoirs pour que les oiseaux laissent vos tomates de côté, ou encore prévoir un poulailler pour accueillir de belles poules : autant d'installations supplémentaires, certes, mais quel bonheur pour vos plantes, et quel repos pour vous : moins d'entretien, moins de produits phytosanitaires...
Enfin, quelques astuces vous permettront de décorer votre jardin avec de la récup', et la boucle du « zéro déchet » sera bouclée !

DANS CE CHAPITRE

Accueillir hérissons, musaraignes, papillons

•

Les poules et le jardin

Chapitre 29

Les animaux du jardin

Les animaux sont partout dans le jardin, qu'il soit paysager, fleuri, potager ou verger. Il y a ceux que l'on voudrait éviter et ceux que l'on voudrait attirer car ils rendent de nombreux services au jardinier en permettant la pollinisation ou en éliminant les parasites des plantes.

Ils contribuent aussi à l'ingestion de déchets organiques ici et là et donc limitent la propagation des parasites et maladies pour vos plantes.

Ces auxiliaires utiles au jardin régulent donc les populations d'indésirables en participant à l'accroissement de la production fruitière ou en stimulant la vigueur des plantes.

Les professionnels de l'agriculture bio ou raisonnée utilisent ces précieux alliés pour éviter l'emploi de produits phytosanitaires trop agressifs. Même si vous êtes un jardinier amateur, attirez les bonnes espèces animales dans votre jardin et vous pourrez bientôt cocher la case zéro pesticides donc zéro déchet toxiques dans le sol et sur vos plantes.

Les crapauds et les grenouilles

Ces amphibiens sont des auxiliaires très précieux au jardin : ils se nourrissent de cloportes, limaces, chenilles, insectes, larves diverses... sans jamais toucher aux cultures.

Si votre jardin est assez grand, prévoyez une mare pour ces espèces aquatiques.

Pour faciliter leur venue, investissez quelques euros dans un abri pour crapaud en céramique.

Les reptiles (couleuvres, lézards, orvets...)

Les couleuvres sont des serpents totalement inoffensifs qui peuvent vous aider à lutter contre les mulots et les campagnols. Même si vous ne les aimez pas, ils sont très utiles pour votre jardin. Les lézards et les orvets mangent de nombreux insectes (araignées, mouches, sauterelles...), des limaces et des escargots. Pour garder ces animaux dans votre jardin, installez un muret de pierres où ils viendront se chauffer au soleil.

Les chauves-souris

Ces petits mammifères ailés mangent la nuit de nombreux insectes, surtout les papillons crépusculaires comme les pyrales et les phalènes très nuisibles. Une chauve-souris peut manger plusieurs milliers d'insectes en une nuit, en les attrapant au vol ou sur les feuilles.

Évitez de manipuler des chauves-souris à main nue : elles sont souvent pleines de puces et le risque de transmission de la rage par morsure, même s'il est faible, n'est pas négligeable.

Les belettes

De par sa finesse, la belette peut se faufiler dans les moindres petits recoins. Sa tanière se situe généralement dans une vieille souche d'arbre mais elle peut également dormir dans une meule de foin ou dans un mur. La belette se nourrit en grande partie de campagnols et aussi de mulots et de rats et de souris. Attention ! les belettes peuvent faire des dégâts dans le poulailler.

Les musaraignes

La musaraigne est carnivore et ne touche jamais aux fruits et aux légumes... Elle creuse rarement des galeries souterraines. Elle se nourrit d'insectes, vers blancs et diverses larves et aussi de mulots. Une musaraigne consomme son propre poids en insectes par jour. Elle devrait être préservée puisqu'elle constitue un parfait auxiliaire du jardinier en se nourrissant nuit et jour de parasites nocifs pour le jardin. Pour permettre aux musaraignes de se réfugier et de s'installer dans votre jardin, installez-leur un petit abri ou un tas de pierres sèches près du compost.

Ne confondez pas la musaraigne avec une souris : la musaraigne est plus petite que la souris, la queue est moins longue que le corps et la tête est très effilée, le museau bien pointu.

Les hérissons

À la ville ou à la campagne, le hérisson est l'ami du jardinier. Ce mammifère nocturne mange tous les insectes qui nuisent à vos plantations. C'est un animal protégé en France et en Europe depuis 1981. Il est menacé de disparition. Protégez-le et il veillera sur votre jardin. Sa durée de vie est de 10 ans en moyenne mais ramenée en dessous de 2 ans aujourd'hui en raison des épreuves qu'ils endurent (accidents de la route, pesticides, déboisements...).

Attention

Ne jamais donner aux hérissons : lait, yaourt, fromages... qui provoquent souvent des diarrhées mortelles.

Animal solitaire aux mœurs crépusculaires et nocturnes, il se repose la journée. Il existe plusieurs espèces de hérissons. Le plus commun à nos régions est l'*Erinaceus europaeus*. Il a des piquants partout dès qu'il se met en boule, et c'est bien normal puisque ses 5 000 piques sont son seul moyen de défense. Alors, pour ne pas vous blesser, attrapez-le avec un grand chiffon ou des gants de jardinage. Il ne vous mordra pas, sauf s'il est blessé. Quant aux puces qui l'habitent, elles ne sont pas transmissibles à l'homme.

Je trouve un hérisson blessé ?

Placez-le dans un carton avec des chiffons, mieux encore posez-le sur une bouillotte chaude. Abritez-le des mouches qui pourraient pondre entre les piquants. Donnez-lui une gamelle d'eau et des croquettes. Connectez-vous sur www.herissons.nom.fr, le Sanctuaire des hérissons.

Astuces pour attirer les hérissons

- Bannissez le métaldéhyde et les insecticides chimiques. Certains granulés anti limaces à base de métaldéhyde pourraient être mortels pour lui : seuls ceux contenant du phosphate ferrique peuvent convenir ;
- Donnez-lui à boire ! Il est important de lui laisser un point d'eau où il pourra venir s'hydrater, surtout en période sèche ;
- Créez-lui un coin de végétation accessible avec des herbes hautes où il pourra se cacher et manger. Un jardin trop propre, trop taillé, trop traité ne l'intéresse pas.

Faire un abri à hérissons

L'abri doit toujours être placé à l'abri du vent, du soleil et de la pluie.

On peut par exemple le mettre :

- Contre un mur ;
- Sous une haie ou contre une haie ;
- Sous un appentis ;
- Sous un tas de bois ;
- Ou sous un escalier de jardin.

Quelques idées d'abris :

- Une simple planche, bien calée le long d'un mur. Mettez un bon tas de feuilles mortes dessous ou de la paille. Pour étancher, fixez une vieille toile cirée ou posez une bâche à bassin par exemple dessus. Calez la planche avec des pierres pour qu'elle ne glisse pas ;

Figure 29-1 Quatre exemples d'abri pour hérissons

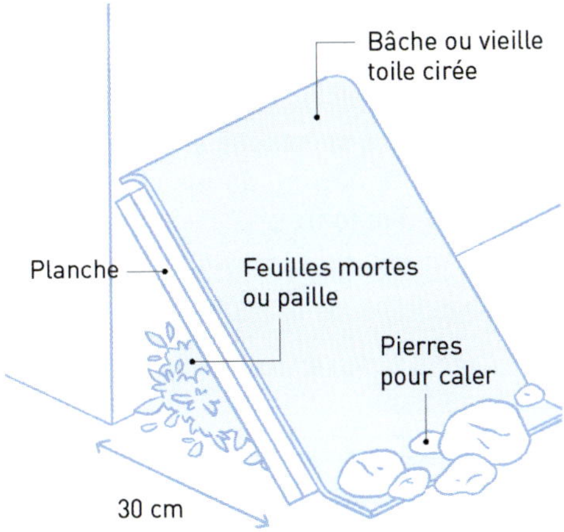

» Quatre parpaings à même la terre, disposés en carré près d'une haie ou sous une haie. Garnissez de feuilles mortes ou de paille. Posez une planche pour le toit et une bâche pour protéger le nid de la pluie. Quelques pierres empêcheront la bâche de s'envoler ;

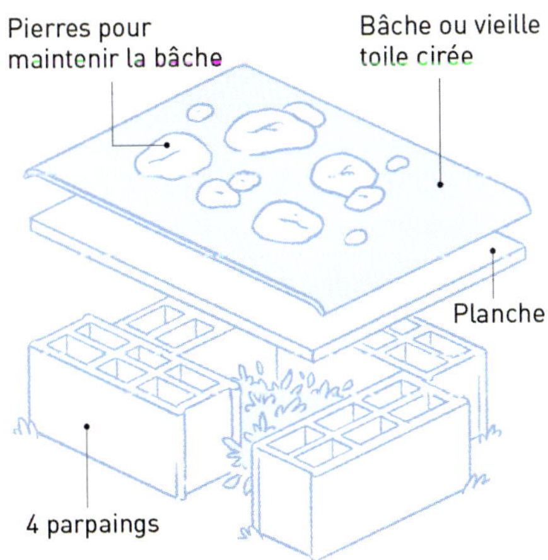

» Sous le tas de bois dans le bûcher : En rangeant vos bûches pour l'hiver, faites une cachette en dessous en intercalant des bûches perpendiculairement. Glissez des feuilles mortes ou de la paille dans l'ouverture ;

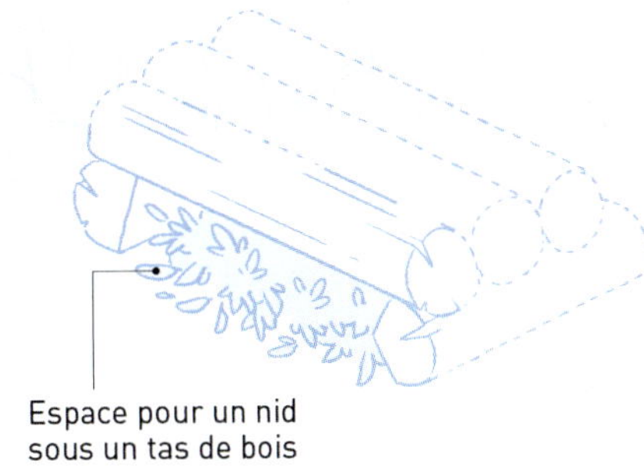

» Sous un escalier ou un appentis : endroit idéal à l'abri du vent et de la pluie. Mettez une caisse retournée dans laquelle vous aurez fait une ouverture de 12 x 12cm pour le passage du hérisson. Remplissez la boîte de feuilles mortes ou de paille.

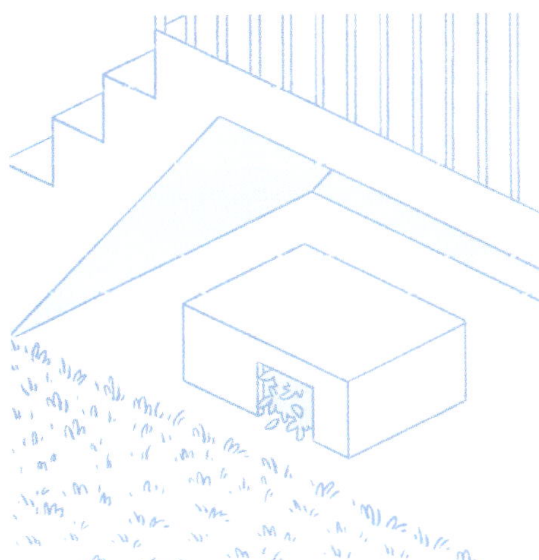

Les papillons

Les papillons sont d'excellents pollinisateurs au jardin. Pour attirer les papillons dans votre jardin, il faut laisser un coin en friche et privilégier leurs plantes hôtes, c'est-à-dire des plantes dont les chenilles mangent les feuilles (cela évitera qu'elles viennent voir de trop près vos cultures...) et qui fournissent du nectar aux adultes. Les papillons sont souvent « monophages » : une espèce se nourrit sur une plante hôte particulière. Par exemple, les larves de machaon se nourrissent exclusivement d'Ombellifères (famille de la carotte).

Machaon

» Le fenouil est le refuge de ponte idéal pour la femelle machaon. Les œufs sont pondus au revers des fleurs qui serviront de nourriture aux chenilles des papillons dès leur éclosion ;

» La carotte sauvage attire le machaon. Réservez-lui les zones en friche de votre jardin ;

» Le sédum spectabile attire les papillons en fin de saison, du mois d'août au mois d'octobre ;

» La rose trémière attire la vanesse des chardons et les hespéries ;

» L'échinacée attire une multitude de papillons ;

» La valériane est une plante mellifère qui attire de nombreux papillons de mai à septembre ;

» L'ortie est une plante hôte très appréciée de nombreux papillons comme par exemple le paon-du-jour (*Aglais io*), la vanesse des chardons (*Vanessa cardui*), ou encore le vulcain (*Vanessa atalanta*). Là ou pousse l'ortie, faites votre potager !

» Les graminées sont des plantes hôtes de choix pour les papillons comme les hespéries, tircis, myrtil ou *Melanargia galathea* ;

» Le buddleia attire des milliers de papillons de juillet à septembre. C'est la plante par excellence pour tous les débutants ;

» Les Asclépias attirent irrésistiblement les papillons monarques (*Danaus plexippus*) dont elles sont la source de nourriture privilégiée des larves.

Une poule dans son jardin

La gestion des déchets ménagers, qui ne cessent d'augmenter, est un problème qui nous concerne tous.

Élever quelques poules permet nettement de diminuer le volume de ses déchets organiques car une poule peut en consommer près de 150 kg par an !

Les poules picorent jusqu'à 150 grammes de déchets alimentaires par jour.

Pourquoi avoir une poule ?

Une poule dans son jardin, le plaisir de ramasser des œufs frais ! Avoir 1 à 4 poules pour démarrer est largement suffisant dans son jardin.

La poule pond un œuf par jour ! Il n'y a pas besoin d'avoir un coq avec vos poules du moment que vous ne souhaitez pas faire d'élevage. Le nombre d'œufs varie suivant la race de la poule, mais se situe entre 150 et 300 œufs par an.

Attention

Si vous souhaitez acquérir un coq, pensez bien qu'il chante dès le lever du jour (et même un peu avant parfois !) ou dès qu'il y a un bruit. Le chant du coq est très agréable mais peu, très rapidement, devenir source de conflit avec le voisinage !

Le poulailler

Il ne reste plus qu'à acquérir un poulailler fonctionnel dans un petit coin de votre jardin, et d'aller choisir les nouvelles locataires qui feront la joie des petits et des grands ! Vous avez le choix de l'acheter prêt à poser dans votre jardin, ou de le construire vous-même.

Si elles ont le choix, les poules dorment perchées. On compte environ 18 cm de longueur de perchoir par poule. Si vous placez plusieurs perchoirs, la poule dominante se mettra sur le perchoir du haut.

Une poule à Versailles

Versailles Grand Parc propose d'adopter des poules pour aider à réduire les déchets.

La communauté d'agglomération finance une partie du prix d'acquisition par ménage accueillant deux poules.

Le reste doit être pris en charge par le foyer, soit 10 € pour un couple de poules pondeuses.

Pour le bien-être de vos poules, elles doivent pouvoir accéder librement, durant la journée, à un jardin qui va leur permettre de se « dégourdir » les pattes, se percher dans les arbres, s'ébrouer dans la terre et picorer dans tous les coins.

Le plus des poules au jardin

- Si vous avez une serre ou un tunnel : elles réchauffent les lieux ;
- Elles éliminent les insectes parasites ;
- Elles fertilisent le sol ;
- Elles consomment les fruits abîmés tombés au sol ;
- Elles aèrent le sol ;
- Elles désherbent le sol ;
- Elles sont bienveillantes.

Le moins des poules au jardin

- Attention ! clore le potager ;
- Les poules adorent l'intérieur d'une maison ;
- Elles peuvent attraper certaines maladies ;
- Attention aux prédateurs des poules ;
- Faire attention à certains massifs de fleurs ;
- Les surveiller du coin de l'œil au départ ;
- La ponte est moins importante en hiver.

Créer son poulailler en recyclant

De nombreux matériaux de récupération peuvent servir à la construction d'un poulailler, dont bien sûr les palettes.

Le détournement/reconversion est aussi une piste intéressante : un abri de jardin, une maison d'enfants en plastique ou encore une grosse niche se prêteront très facilement à une reconversion.

Un enclos pour vos poules

Un coin dans le jardin est généralement réservé à l'habitat des poules. Dans un enclos grillagé est placé un poulailler qui permet à vos poules de se mettre à l'abri le soir et d'avoir un nid de paille pour aller pondre. L'enclos grillagé délimite le terrain d'action des poules et les protège des prédateurs. Le problème est qu'en quelques semaines, le sol verdoyant de l'enclos n'est plus qu'un sol terreux. Il va rapidement être « mis à nu » par une équipe de poules très actives !

Ouvrez l'enclos pour la journée (si vous n'êtes pas à proximité d'une route et si les poules ne peuvent pas passer chez les voisins...). Les poules, qui adorent gratter la terre, trouveront des petits escargots, limaces, vers de terre, gravillons, herbe et insectes et, le soir venu, elles retrouveront le chemin du poulailler. Pensez à bien le fermer le soir, les fouines et renards n'en feraient qu'une bouchée.

Quels aliments choisir pour donner à mes poules ?

La poule mange toute la journée. Soigner son alimentation est important pour garantir son bien-être et sa santé, mais aussi pour améliorer la qualité de ses œufs.

La plupart des épluchures de légumes seront à même de nourrir vos volailles, exception faite des épluchures d'oignons, pommes de terre, courgettes, tomates ainsi que des feuilles de poireaux crues. En ce qui concerne les fruits, évitez les épluchures de bananes, kiwis et agrumes, le pain mouillé, les croûtes de fromages et les restes de plats.

Le grain

Son menu est constitué majoritairement de céréales. Cependant, il n'est pas bon de n'offrir qu'un seul type de céréale à vos volailles. Même si c'est un aliment complet et équilibré, vous ne pourrez pas les nourrir exclusivement de blé. Il est plus que conseillé de privilégier un mélange qui pourra contenir maïs, orge, tournesol, avoine ou sarrasin... Il apportera à vos petites protégées de quoi satisfaire leurs besoins naturels en vitamines et minéraux.

Lorsque vous leur donnez du grain, pensez à y ajouter une bonne dose de coquilles d'huîtres concassées. Cette astuce permet à vos poules pondeuses, qui, jusqu'à preuve du contraire, ont une denture inexistante, de mieux le digérer. En effet, une fois dans l'estomac, les coquilles d'huîtres broieront les graines solides ingérées par votre volaille.

Les aliments à donner aux poules

- Fruits ;
- Yaourts (nature !), restes de fromages ;
- Légumes (crus, cuits, peu ou pas salés) : navets, choux, salades, épinards ;
- Restes de viandes et de poissons (sans excès) pour l'apport en protéines animales (car la poule est omnivore) ;
- Pain non moisi ;
- Charcuterie ;
- Coquilles d'huîtres.

Les restes de repas

Les individus de toutes les races sont omnivores. Vous pourrez tout à fait leur servir vos déchets de cuisine, elles s'en repaîtront. Il ne faut toutefois pas que cela constitue leur unique source d'alimentation. Et certains produits sont à bannir de leurs mangeoires pour éviter les risques de maladies.

Évitez notamment de leur donner :

- Aliments salés, sel ;
- Peau et noyau d'avocats ;
- Pommes de terre crues et leurs épluchures ;
- Chocolat, café, marc de café ;
- Plats préparés ou surgelés ;
- Viande crue, nourriture périmée, moisie, avariée ;

- Pelures d'oignons et de poireaux ;
- Peaux d'agrumes, de banane, de kiwi ;
- Céleri ;
- Cacahuètes ;
- Haricots secs ;
- Trognons de choux.

L'herbe

C'est également un apport primordial dans le régime naturel de vos poules. Le manque d'herbe est dangereux pour leur santé. C'est pour cela qu'il faut installer votre poulailler dans une partie de votre jardin qui en soit pourvue, afin qu'elles puissent en trouver au sein de leur enclos, sur leur parcours quotidien. Si cela n'est pas possible, alors il faudra en apporter des seaux frais tous les jours.

Les graines germées

Elles sont excellentes pour la santé humaine mais aussi pour nos chers gallinacés. Concentrées de vitamines, les graines germées seront très bénéfiques à la santé de vos pensionnaires, pouvant présenter des déficiences nutritionnelles si elles disposent de peu ou pas de verdure à picorer. Si vous trouvez un approvisionnement en graines de céréales entières, tentez de les faire germer en les trempant régulièrement dans l'eau puis en les laissant exposées à la lumière du soleil.

Les 10 variétés pour se lancer dans l'aventure

La poule rousse

Aussi appelée poule fermière, cette poule moyenne de couleur rousse est la plus répandue dans les foyers français. C'est une excellente pondeuse et couveuse. Elle est également très docile et s'apprivoise bien, ce qui en fait une option intéressante si vous avez des enfants.

La marans

La marans est une poule de grande taille, connue pour ses œufs de couleur rousse et de calibre important (70 à 85 g), ayant en plus l'avantage de bien se conserver. Il s'agit d'une poule sociable et attachante.

La bourbonnaise

Elle est résistante au froid hivernal et aux fortes chaleurs. Sa productivité en fait une valeur sûre en tant que poule pondeuse avec environ 220 œufs par année. La bourbonnaise a plutôt besoin de grands espaces pour s'épanouir.

La gâtinaise

Rustique et bonne pondeuse, elle est de caractère agréable tout en étant indépendante. De taille moyenne, elle pèse jusqu'à 3 kg et pond de bons œufs de 60 g environ. Robuste y compris dans les climats secs, elle reste facile à élever dans la plupart des conditions et pond 150 à 200 œufs par an.

La poule hollandaise huppée

La poule hollandaise huppée est très réputée pour sa magnifique huppe blanche dressée sur sa tête. De petite taille, la poule hollandaise huppée pond une centaine d'œufs de petit calibre et à la coquille blanche (environ 40 g) par an.

Poule soie

La poule soie doit son nom à son plumage très duveteux et très doux se déclinant en plusieurs couleurs : noir, fauve, gris et blanc. Elle est facilement reconnaissable à sa huppe ébouriffée qui lui donne un air fier.

La poule soie pond environ 3 œufs par semaine (soit entre 100 et 150 œufs par an), de petit calibre, comme elle (entre 30 et 40 g) et de couleur « teintée ».

La braekel

La poule braekel est une race très ancienne. Elle tire son nom d'un petit village des Flandres où les habitants élevaient cette poule depuis des siècles. Ses œufs sont de couleur blanche et font en moyenne 60 g. Elle pond environ 200 œufs par an.

Pondeuse noire

La poule pondeuse noire arbore un magnifique plumage couleur ébène avec quelques reflets cuivrés. Très bonne pondeuse, elle pond en moyenne 300 beaux œufs roux par an !

Pondeuse azur

La poule azur doit son nom à ses œufs teintés de bleu. Elle pond environ 220 œufs par an, de gros calibre. Son plumage est souvent blanc mais il peut être gris perlé, noir, voire légèrement roux.

Gauloise noire

La gauloise noire est de taille moyenne, et de silhouette allongée. Bonne pondeuse, elle pond en moyenne 250 œufs par an à la jolie couleur ivoire. Ses œufs sont de gros calibre.

DANS CE CHAPITRE

Nourrir et abreuver

•

Les oiseaux comme auxiliaires du jardin

Chapitre 30

Les oiseaux, acteurs du « zéro déchet »

Les oiseaux font partie de notre patrimoine. Ils sont en danger sur l'ensemble de la planète. Au jardin ils jouent un rôle essentiel dans le maintien de votre écosystème. Ils consomment des insectes par exemple nuisibles pour votre plante. Le nourrissage des oiseaux des jardins est une activité répandue en hiver. Toutefois, certaines règles sont à respecter.

Quand nourrir les oiseaux ?

La LPO conseille de mettre de la nourriture à disposition durant la mauvaise saison, et notamment durant les épisodes de froid marqués : couvert neigeux ou gel prolongé rendant inaccessible les aliments naturels. Le mieux est de le pratiquer de la mi-novembre à la fin mars. Il n'est pas conseillé de donner de la nourriture aux oiseaux au printemps et en été car beaucoup d'entre eux deviennent insectivores à cette saison et cela peut créer une relation de dépendance vis-à-vis des jeunes oiseaux de l'année qui doivent apprendre à se nourrir par eux-mêmes. Par ailleurs les oisillons sont exclusivement nourris à partir de proies animales (chenilles, insectes volants...), leur fournissant les protéines nécessaires à leur développement.

Où placer le poste de nourrissage et d'abreuvage ?

Nous vous conseillons de placer la mangeoire et l'abreuvoir au centre du jardin, dans un endroit dégagé, éloigné des murs, buissons et branches latérales afin d'éviter l'accès facile aux prédateurs (chats, fouines...).

Astuces

Placez le poste de nourrissage de manière qu'il soit visible depuis une fenêtre afin de pouvoir profiter du spectacle !

Cette pratique de supplémentation hivernale (et populaire) engendre des rassemblements d'oiseaux, parfois conséquents. Afin d'éviter la propagation de maladies (salmonellose des oiseaux) chez les espèces hautement grégaires (pinsons, verdier d'Europe, tarin des aulnes et moineaux), nous vous conseillons de disperser vos mangeoires : les types de mangeoires sont nombreux (à poser, à suspendre, sur pied avec système de plateau, de distributeur...), n'hésitez pas à mélanger les genres.

Et pour une hygiène irréprochable, pensez à nettoyer régulièrement les abreuvoirs en renouvelant l'eau chaque jour si possible et en éliminant les saletés et les algues vertes en grattant.

Quelle nourriture donner aux oiseaux ?

Les oiseaux étant des animaux à sang chaud, il est conseillé de leur donner des graisses animales en petite quantité telles que suif de bœuf et lard de porc. Par contre, attention, évitez absolument le lard salé et les restes de viande et de fromage. Privilégiez plutôt les graisses d'origine végétale, si possible à base d'huile de colza mais attention, jamais à partir d'huile de palme !

Attention, ne donnez jamais de lait aux oiseaux : ils ne peuvent pas le digérer et celui-ci peut être responsable de troubles digestifs mortels. Seuls les dérivés laitiers cuits, tels que le fromage, peuvent être donnés en très petite quantité. Les mélanges de graines très bon marché composés de pois, de lentilles et de riz doivent aussi être évités ainsi que les biscuits pour animaux domestiques.

Les meilleurs aliments

- Mélanges de graines : le mélange optimal étant composé de 1/3 de tournesol noir, de 1/3 de cacahuètes et de 1/3 de maïs concassé ;
- Pain de graisse végétale simple (sans huile de palme !) ;
- Pain de graisse végétale mélangé avec des graines, fruits rouges ou insectes ;
- Graines de tournesol (non grillées et non salées), si possible non striées. Les graines noires sont meilleures et plus riches en lipides ;
- Cacahuètes (non grillées et non salées) ;
- Amandes, noix, noisettes et maïs concassés (non grillés et non salés) ;
- Petites graines de millet ou d'avoine ;
- Fruits décomposés (pomme, poire flétrie, raisin).

Si vous voulez participer au quotidien à la préservation de la vie sauvage sur votre terrain (jardin, cour, terrasse, balcon...) et agir en faveur de la biodiversité en adoptant chez vous des gestes écocitoyens.

DANS CE CHAPITRE

Récupérer pour semer

•

Tutorer les plantes avec la récup'

Chapitre 31

Réutiliser pour moins jeter

Les rouleaux de papier-toilette

Ce sont de formidables pots pour vos semis ou replantation de plantules.

Ils sont en plus biodégradables. Une fois la plante bien racinée, vous pouvez planter le tout en pleine terre : moins de stress pour la plante.

Les matériaux nécessaires :

» Le carton de rouleaux de papier-toilette ou de sopalin vide ;
» Une paire de ciseaux ;
» Une boîte en plastique de récup' transparente ;
» Du terreau ;
» Des graines à semer (variétés potagères).

Pour commencer, coupez 4 entailles de 3 cm dans l'un des côtés du rouleau. La longueur de l'entaille définira la hauteur du pot. Repliez ensuite les languettes pour fermer le bas du rouleau. Remplissez-les de terre, rangez-les côte à côte pour qu'ils se stabilisent dans un couvercle plastique recyclé qui servira de soucoupe. Plantez et arrosez.

Le Paper Potter®, un fabricateur de pots ingénieux

Le Paper Potter®, un accessoire ingénieux et très facile à utiliser !

Réalisez vos pots de semis biodégradables en recyclant du papier journal ou d'autres papiers de récupération (kraft par exemple). Il suffit d'enrouler une bande de papier journal, de la plier puis de la presser sur la base.

Vous obtiendrez des petits godets prêts à être remplis de terreau pour accueillir vos semis et vos boutures.

> Le Paper Potter®, ou Pot-maker®, est très populaire Outre-Manche, mais reste peu connu en France. Retrouvez-le sur internet pour un prix autour de 20 euros.

Ne négligez pas la qualité du terreau. La fonte des semis pourrait anéantir tous vos efforts ! Utilisez un terreau fin (ou tamisé) et bien drainant pour remplir chaque godet et couvrir de graines. Parsemez ensuite la surface des godets avec de la poussière de charbon pour assainir le substrat.

Des godets de semis en papier biodégradable plus solides et résistants qu'on ne l'imagine. Ces petits pots biodégradables sont ensuite plantés directement en place dans des potées ou au jardin. Les racines des jeunes plantes traverseront sans difficulté la paroi en papier du pot, qui finira par totalement se décomposer. À la fois économique et écologique, le Paper Potter® permet d'utiliser moins de pots en plastique. Pour en savoir plus : https://www.botaniqueeditions.com.

Le journal au jardin

Pour tout ce qui est semis ou jeunes plants, il peut être intéressant de créer un petit pot de fortune en papier journal. Cela peut être obtenu par un simple pliage, mais il est aussi possible de laisser tremper une journée complète des bandelettes de journal dans de l'eau (une dose de papier, deux doses d'eau) et de battre le tout avec un batteur. Retirez le surplus d'eau et formez votre futur pot dans un récipient en plastique avant de le laisser sécher trois jours. Mais vous pouvez également prendre des bandelettes et les enrouler autour d'une canette en aluminium. Laissez sécher puis plantez.

À savoir

Le journal fait partie des déchets bruns au jardin. Il a sa place réservée au compost mais il est possible aussi de couper le journal d'une taille adaptée à un pot pour les contenants afin d'éviter la perte d'humidité trop rapide à l'intérieur en protégeant la surface de la terre. C'est une sorte de paillage en remplacement des copeaux de bois, de la paille et autres branchages.

Des boîtes d'œufs pour semis

Pour les boîtes d'œufs, le terreau pour semis peut directement être placé à l'intérieur. Toutefois, il faut veiller à percer le fond des alvéoles pour le drainage et remplir les boîtes d'œufs de terreau à 2 cm du bord. Un petit nivelage et un léger tassement seront nécessaires avant d'y planter les graines et d'y vaporiser de l'eau. Les boîtes d'œufs se dégradent parfaitement une fois en terre. On conserve aussi le couvercle que l'on peut utiliser en couvercle pour le démarrage de la germination des graines dans le noir. Rien ne se perd, tout se transforme.

Il est nécessaire de poser des étiquettes dans les pots ou les godets de semis lors de leur préparation. Afin d'éviter d'acheter des étiquettes spéciales, des bâtonnets de glace en bois peuvent faire l'affaire. Il ne restera plus qu'à les customiser avec des couleurs indélébiles.

Des filtres à café en guise de godets pour semis

Les filtres à café biodégradables et conçus en fibres végétales sont recommandés pour les semis.

Étapes :

» **Remplir chaque filtre de terreau jusqu'à environ 2 cm du bord ;**

» **Les installer dans une clayette en carton ou en bois ;**

» **Niveler et tasser légèrement le terreau ;**

» **Planter les graines ;**

» **Vaporiser de l'eau par-dessus.**

Le filtre à café placé sur le trou de drainage avant la mise en place d'une plante dans un pot permet au terreau de ne pas s'échapper du pot par le petit trou du fond, tout en laissant le surplus d'eau s'écouler correctement. Cette technique vous évite de placer une couche de drainage au fond de votre pot, ce qui laisse plus de place aux racines de vos plantes pour pousser.

Des bouteilles en plastique en guise de miniserre

Certaines plantes délicates, en particulier les plantes tropicales, demandent de la chaleur et de l'humidité afin de germer et de commencer leur vie. Les bouteilles en plastique peuvent ainsi servir de cloches ou de mini serres pour ces plants.

- » Couper les bouteilles en plastique en deux ;
- » Installer la moitié supérieure sur les plants, les pots ou les godets ;
- » La partie inférieure peut aussi servir de godet une fois le fond transpercé. Il est recommandé de retirer le bouchon des bouteilles pour laisser passer l'air.

Astuces

Les barquettes transparentes de viennoiseries, de fruits ou de viandes peuvent aussi servir de mini serre une fois leur fond percé.

Stop aux tuteurs

Fabriquez vous-même vos tuteurs et oubliez ceux en plastique rigidifié.

Utilisez les coupes de branches de vos jardins (le noisetier, réputé pour sa robustesse et ses tiges bien droites, est recommandé) ou, mieux, les cannes de vos bambous. Les vieux manches à balai ça marche aussi. Dans les 3 sœurs par exemple (la courge, le maïs et les haricots rouges), le pied de maïs vivant sert de tuteur aux haricots grimpants.

Exemple de tuteur en V

Ce tuteur nécessite l'utilisation de deux bâtons droits unis à leurs sommets à l'aide d'une cordelette pour former un V inversé, le tout réuni à l'horizontale, au sommet, par une autre tige en bois si possible bien droite. Lors de sa mise en place, une distance d'une cinquantaine de centimètres au minimum doit être observée entre deux portiques.

DANS CE CHAPITRE

Réutiliser les bouteilles en plastique

•

Détourner des contenants

Chapitre 32

Recycler les déchets en tout genre

Les déchets en tout genre… amis du jardinier. Moins jeter, c'est possible ! Mettre aux ordures ménagères épluchures, restes de repas, papiers et cartons n'est que pur gaspillage. Ce sont des ressources ré-exploitables. Et leur incinération participe au réchauffement de la planète. Mais au-delà du recyclage et du tri sélectif, qui ont leurs limites, des gestes de bon sens donnent des résultats. Beaucoup d'objets du quotidien peuvent être utilisés au jardin pour nous rendre de précieux services.

Canettes et boîtes de conserve

Si vous aimez avoir des plantes, vous pouvez oublier de dépenser de l'argent dans des pots. Conservez vos canettes, vos boîtes de conserve et commencez par laisser tremper les boîtes de conserve dans de l'eau chaude pour décoller les étiquettes. Si quelques résidus de colle persistent, un coton imbibé d'alcool à 90° passé dessus les nettoiera. N'oubliez pas de faire des trous au fond pour que l'eau puisse s'écouler et garder la plante en bonne santé.

Attention

Avant toute manipulation des boîtes, il est important de poncer les bords ou d'apposer du ruban adhésif sur les parties coupantes. Ensuite, une fois les boîtes prêtes, il existe deux méthodes pour les décorer : les peindre ou coller des motifs dessus.

Pour fabriquer un petit abri à insectes : choisissez une boîte de conserve rincée et séchée, d'au moins 8-10 cm de profondeur. Puis fabriquez un double anneau, pour l'accrocher horizontalement. Remplissez votre boîte de tiges de végétaux bien posées en parallèle. Accrochez-le en le protégeant des pluies à au moins 30 cm au-dessus du sol.

Réaliser un semoir

À l'aide d'une feuille de papier ou d'un morceau de carton, on peut obtenir un semoir :

Découpez une bande de 10 cm sur 6 cm, la plier en 2 dans la longueur, déposez les graines le long de la pliure et semez régulièrement.

Astuces pour moins acheter

- Empruntez ou louez. Si vous vous entendez bien avec vos voisins, le partage est une solution idéale : une seule tondeuse, un seul broyeur... ;
- Pour les plus gros appareils, pensez aussi à la location via les magasins de bricolage par exemple ;
- Bien entretenir et réparer ses outils, c'est prolonger leur durée de vie ;
- Demandez des conseils dans un Repair Café ;
- Participez à des forums spécialisés sur le Net ils sont gratuits ;
- Achetez en seconde main et de qualité ;
- Privilégiez du matériel robuste et de qualité.

Les caissettes à poissons

Déjà percées dans leurs angles, légères mais bien stables une fois remplies de terreau spécial semis, assez profondes, les caissettes des poissonniers constituent de parfaites terrines pour vos semis. Vous pourrez les récupérer sur le marché ou directement chez votre poissonnier. Disposées les unes sur les autres, elles servent aussi au lombricompostage qui vous permettra, grâce à l'activité des vers de compost, de recycler vos déchets de cuisine.

Les grandes poubelles

Les poubelles de grand volume peuvent tout à fait être utilisées comme réservoirs d'eau de pluie une fois disposées sous les conduits de gouttières ; il suffit juste de percer dans le couvercle un trou de la taille adéquate avec une scie cloche.

Autre utilisation : vous pouvez en faire un mini bassin accueillant papyrus et petits nénuphars sur votre terrasse ou balcon. Pour masquer le contour, habillez la poubelle avec du bois flotté, des brandes de bruyère ou encore des chaumes de bambou.

Ces grands contenants peuvent aussi servir à la confection de vos purins de plantes au fond du jardin. On peut aussi les habiller de bois recyclé pour en faire de très belles jardinières.

Planchettes en bois pour tasser ses semis

Après le semis il est fortement conseillé de bien tasser ses semis. Si vous n'avez pas d'outils, réalisez-le vous-même ! Pour cela : découper une planche en bois de petite taille et l'utiliser pour tasser la terre après avoir recouvert les graines. Si l'on cloue un morceau de tasseau sur le dessus de la planche, on peut s'en servir de poignée.

Les fers à béton

Ces fers utilisés dans le domaine de la construction constituent de parfaits tuteurs pour vos légumes au potager tout comme au jardin d'ornement pour les plantes hautes comme les asters, les grands delphiniums ou les cosmos.

Soudées entre elles, ces tiges peuvent se transformer en treillage pour vos grimpantes.

Les bouteilles d'eau en plastique

Astuces

Contre les escargots et les limaces, un petit truc pour protéger vos jeunes pousses, il suffit de couper des bouteilles en plastique en deux et d'y percer des petits trous et de les déposer ensuite sur les pousses.

Tête en bas pour arroser

Pour que vos plantes en jardinières ou en pot passent quelques jours toutes seules sans arrosage sur un balcon plein sud, placez plusieurs bouteilles d'eau minérale remplies d'eau (sans bouchon !) bien plantées tête en bas dans la terre des jardinières Aidez-vous d'un tuteur pour qu'elles ne tombent pas au moindre coup de vent... Un bouchon de terre se forme alors et laisse passer l'eau quand il s'assèche.

Tête en haut

Les tomates sont très gourmandes en eau. Il faut les arroser souvent et sans mouiller les feuilles. Pour garder le sol frais de vos tomates sans trop arroser et sans tacher les feuilles qui peuvent développer des maladies : fabriquez un arrosage automatique des plants de tomates en enterrant une bouteille percée remplie d'eau.

Figure 32-1

Récupérer pour arroser

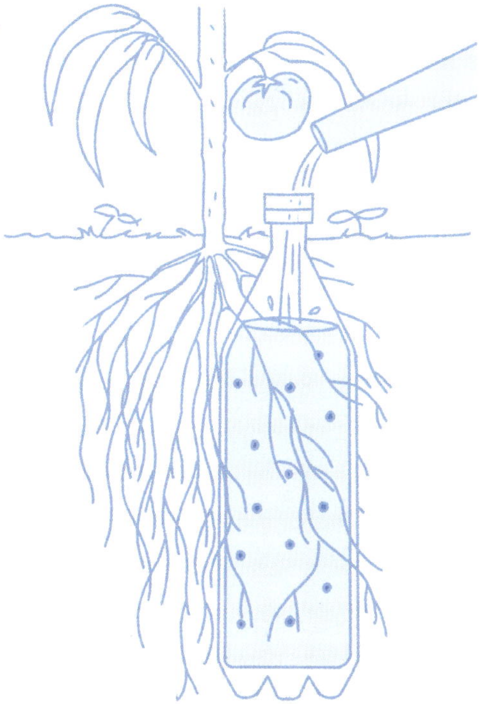

Ce système économique reprend la technique des oyas :

Les oyas sont des pots en céramique micro poreuse que l'on enterre près de ses plantations et que l'on remplit d'eau. Ils diffusent lentement dans le sol l'humidité nécessaire à la plante. Cet arrosage constant et sans excès évite de stresser les plantes. Il maintient le substrat meuble, humide et favorise le développement de la faune et de la microflore, autant de facteurs favorables à un meilleur développement des plantes. Les mauvaises herbes ne se développent presque plus car la couche supérieure de la terre n'est pas irriguée.

Figure 32-2

Les oyas, méthode ancestrale

Arroser, cueillir et piéger

Vous avez besoin d'un arrosoir pour vos plantes ou votre potager ? Pas besoin d'en acheter un ! Tout ce dont vous avez besoin, c'est d'une grosse bouteille en plastique. Nettoyez-la et à l'aide d'un petit foret, percez des petits trous dans le bouchon. Remplissez la bouteille avec de l'eau, revissez le bouchon, et le tour est joué. Il n'y a plus qu'à arroser !

Cueillir les fruits tout en haut des arbres fruitiers n'est pas une chose facile... Pour cela, faites un trou sur le côté bas d'une bouteille de 2 litres puis ajoutez un bâton comme poignée sur le goulot de la bouteille. Glissez le fruit dans le trou, faites un petit mouvement pour qu'il tombe.

Les bouteilles en plastique sont des alliées précieuses au jardin en été pour piéger les guêpes de plus en plus nombreuses :

Coupez la bouteille à $1/3$ de sa hauteur et retournez le goulot dans la bouteille. Agrafez les 2 parties de la bouteille, puis mettez 25 cl d'eau et 5 cuillères à soupe de miel dans le fond de la bouteille. Les guêpes vont entrer dans le piège pour le miel mais ne pourront pas ressortir.

Les bouchons en liège au jardin

Vous ne savez jamais quoi faire de vos bouchons en liège ? Les jeter ? Quelle idée ! Les moucherons ont horreur de l'odeur du liège : s'ils se regroupent près de vos corbeilles de fruits, disposez vos bouchons en liège dedans et oubliez les moucherons... N'achetez plus jamais un allume-feu du commerce ! Pour allumer un feu rapidement, les bouchons en liège sont d'excellents allume-feux. Tout aussi tendance au jardin en fabriquant en 2 minutes vos propres étiquettes pour potager et jardin : pour cela, il vous suffit d'un pic en bois et d'un bouchon de bouteille de vin ou de champagne.

Crédits

Illustrations : Loan Nguyen Thanh Lan, sauf p.22, 34, 38, 40, 43, 46, 55, 80, 82, 106, 122, 124-125, 241 : Fabrice Del Rio Ruiz.

Illustrations d'ouverture de parties (p.13, 29, 71, 119, 139, 169, 189, 211) : Maïlys Huby

Photos intérieur : p.16 : © iStock / Liliboas ; p.32, h : © iStock / psisa ; bd : © Adobe Stock / USantos ; p.33, g : © Adobe Stock / Anthony ; hd : © Adobe Stock / Corinne Daudier ; bd : © iStock / Nikolay Zaiarnyi ; p.35 : © iStock / AlexeyBorodin ; p.38 : © Adobe Stock / Pixel-Shot ; p.39 : © iStock / Onzeg ; p.48 : © iStock / Lex20 ; p.52 : © iStock / DEBOVE SOPHIE ; p.56, bg : © iStock / magicflute002 ; hd : © iStock / croquette ; bd : © Volga2012 ; p.57, bg : © Adobe Stock / ChrWeiss ; bd : © iStock / stsvirkun ; p.74 : © Adobe Stock / fotoliaanjak ; p.75, bg : © Adobe Stock / anastasiia agafonova ; hd : © Adobe Stock / Martina ; p.76, hg : © Adobe Stock / Sy Finch ; hd : © Adobe Stock / Denira ; p.78, hd : © Adobe Stock / Ugo ; bd : © Adobe Stock / sicharenko_com ; p.79, bg : © Adobe Stock / New Africa ; hd : © iStock / Nnehring ; bd : © iStock / LightShaper ; p.80, hg : © iStock / taikrixel ; bg : © Adobe Stock / Christian Musat ; bd : © Adobe Stock / YuanGeng ; p.81, hg : © iStock / Phichaklim1 ; bg : © iStock / bennymarty ; hd : © iStock / NemoAR ; bd : © Adobe Stock / Christine Kuchem ; p.84 : © iStock / FotoDuets ; p.85, hg : © iStock / SBSArtDept ; bd : © iStock / mr_morton ; p.86, hg : © iStock / Viola Hofmann ; bd : © Adobe Stock / Patryssia ; p.87 : © Adobe Stock / sima ; p.88 : © iStock / eyen120819 ; p.89 : © Adobe Stock / Adrien Roussel ; p.90 : © Adobe Stock / daarnautova ; p.94 : © Adobe Stock / monregard ; p.95 : © iStock / mashimara ; p.96 : © iStock / Andrew Linscott ; p.97 : © iStock / NataliaVo ; p.98, bg : © Adobe Stock / Mihail ; hd : © Adobe Stock / New Africa ; p.99 : © iStock / lucentius ; p.105 : © Adobe Stock / artrachen ; p.109, hg : © Adobe Stock / Alexandre ; bg : © iStock / Philmoto ; p.112 : © iStock / Vadzim Kushniarou ; p.114 : © Adobe Stock / LianeM ; p.115 : © iStock / PlazacCameraman ; p.118 : © iStock / Francis Schalkx ; p.122 : © Adobe Stock / PIXATERRA ; p.123 : © iStock / SOPHIE-CARON ; p.124 : © Adobe Stock / Madeleine Steinbach ; p.134 : © iStock / StefanieDegner ; p.135, g : © iStock / Elif Bayraktar ; d : © iStock / Scukrov ; p.136 : © iStock / ALEKSEI BEZRUKOV ; p.137, g : © Adobe Stock / 5second ; d : © iStock / asiantiger247 ; p.148 : © iStock / Dona Shiell ; p.150 : © iStock / Patrick Daxenbichler ; p.156 : © Adobe Stock / patila ; p.166 : © iStock / Lou Wagstaffe ; p.174 : © Adobe Stock / Floki ; p.184 : © iStock / Animaflora ; p.185, g : © iStock / kodachrome25 ; d : © iStock / Groomee ; p.193, g : © Adobe Stock / voren1 ; d : © Adobe Stock / Денис Лытягин ; p.194 : © Adobe Stock / PL.TH ; p.204 : © iStock / simarik ; p.207, hd : © Adobe Stock / hcast ; bd : © iStock / mtreasure ; p.214, g : © Adobe Stock / Alyssa ; d : © iStock / undefined undefined ; p.215, g : © iStock / Thierryjdv ; d : © iStock / CreativeNature_nl ; p.216 : © Adobe Stock / Piotr Krzeslak ; p.218 : © iStock / Drake Fleege ; p.222 : © Adobe Stock / Olivier-Tuffé ; p.223, hg : © iStock / cynoclub ; bg : © iStock / JennaWagner ; hd : © Adobe Stock / Sandra de Soie ; bd : © Adobe Stock / bluejeansw ; p.224, g : © Adobe Stock / Tipphawan ; hd : © iStock / Charlotte Bleijenberg ; bd : © Adobe Stock / Nathalie Pothier ; p.225, g : © iStock / george-clerk ; d : © Adobe Stock / Nastassia ; p.229 : © iStock / Janny2 ; p.232, hg : © Adobe Stock / marugod23 ; bg : © Adobe Stock / olle kima ; p.233 : © Adobe Stock / Petra Schueller ; p.234, g : © Adobe Stock / t.sableaux ; d : © iStock / PamWalker68 ; p.235 : © iStock / Svetlanais ; p.236 : © Adobe Stock / pmmart ; p.238 : © Adobe Stock / Heike Rau ; p.239 : © Adobe Stock / perfectmatch ; p.240 : © Adobe Stock / Uldis ; p.242, g : © Adobe Stock / Quéméner Valérie ; d : © iStock / PLG ; p.243 : © iStock / andreswd.

Remerciements

Je remercie mon père pour avoir continué à me transmettre cet amour du jardin, c'est un lien utile et indéfectible dans une communion « père, fils » ; Jean-Marie Pelt, écrivain, chercheur et trouveur, qui a consacré son âme entière aux plantes sans discrimination ; Monique Cara : les débuts de l'aventure, William Leymergie qui par sa volonté et ses intuitions a compris depuis longtemps que le jardin n'est pas un effet de mode ; Sophie Davant, initiée depuis peu au jardinage ; Laurent Bignolas, qui fait corps avec la nature et Ophélie Radureau, productrice de Télématin.

Et enfin, ma mère, qui a toujours pensé à l'américaine « pourquoi pas ? » plutôt qu'à la française « pourquoi ? ». Merci à tous mes amis, producteurs et professionnels qui m'ont fait confiance sans défaillir depuis plus de 40 ans. Vive la nature !

Sites internet à consulter

www.biodechets.org

www.zerowastefrance.org

www.vive-le-vegetal.com

www.lemurvegetal.com/

www.generations-futures.fr

www.jardins-familiaux.asso.fr

www.neomind-shop.com

www.monpetitcoinvert.com

www.herissons.nom.fr

https://www.botaniqueeditions.com

https://planetezerodechet.fr/zero-dechet-au-quotidien/jardin-zero-dechet/

www.afaia.fr

www.greenhouseofthefuture.com

www.fermedesaintemarthe.com

www.planfor.fr

https://plandejardin-jardinbiologique.com

www.compagnie-des-sens.fr

www.lejardindemagrandmere.com

www.aujardin.info

www.permaculturedesign.fr

www.formations-permaculture.fr

www.lesateliersenherbe.com

www.plantezcheznous.com

www.gerbeaud.com

www.rustica.fr

www.jardin-secrets.com

www.gardena.com

www.terrevivante.org

www.cmonjardinier.fr

www.jardiner-autrement.fr

www.lafranceagricole.fr

www.terrafertilis.com

www.orgprints.org

www.tous-au-potager.fr

www.pepinierelesplantescompagnes.com

www.terre-net.fr

www.lepotiblog.com

www.cagrouille.com

www.jardinsdefrance.org

Index

F

G

H

I

R

S

T

V

Z